宁波文化丛书

宁波文化丛书 第二辑

主编 陈利权

千年郡庙

宁波城隍庙的前世今生

柴 隆 著

宁波出版社

图书在版编目（CIP）数据

千年郡庙：宁波城隍庙的前世今生/柴隆著. —宁波：宁波出版社,2017.10
（宁波文化丛书. 第2辑）
ISBN 978-7-5526-3083-1

Ⅰ. ①千… Ⅱ. ①柴… Ⅲ. ①城隍庙—介绍—宁波 Ⅳ. ① B957.255.3

中国版本图书馆 CIP 数据核字（2017）第 257479 号

丛 书 名	宁波文化丛书·第二辑
丛书主编	陈利权
本册书名	千年郡庙：宁波城隍庙的前世今生
著 者	柴　隆
责任编辑	苗梁婕
责任校对	虞姬颖　李　强
装帧设计	金字斋
出版发行	宁波出版社
地　　址	宁波市甬江大道1号宁波书城8号楼6楼
邮　　编	315040
网　　址	http://www.nbcbs.com
电　　话	0574-87341015（编辑部）
印　　刷	宁波白云印刷有限公司
开　　本	710毫米×1000毫米　1/16
印　　张	9.5
字　　数	140千
版　　次	2017年10月第1版
印　　次	2017年10月第1次印刷
标准书号	ISBN 978-7-5526-3083-1
定　　价	27.00元

（版权所有　翻印必究）

图书若有倒装缺页影响阅读，请与出版社联系调换。电话：0574-87248279

本书系宁波市文化研究工程项目

总序

唤醒宁波的文化之魂

◎ 何 伟

（一）

中国的古城实在不少，若论我国沿海最早的文化古城，只要稍稍具备历史地理的眼光，都会聚焦宁波——中国大陆海岸线的中点。

这座从远古走来的名城，河姆古渡的骨哨一吹就是七千年，展开了一幅幅风云际会的历史长卷。翻开谭其骧先生主编的《简明中国历史地图集》，不难发现宁波在我国沿海各大城市中的"早熟"：当宁波沐浴河姆渡的文明曙光时，我国海岸线上的先民基本还处于文明的空白处；当宁波先秦时期设县建制，广州还是邻近番禺的宁静村庄；当宁波唐代建州（相当于今天的地级市），已是"海外杂国，贾舶交至"的繁华城市，此时的上海还只是一个海滨渔村；宋代的宁波已是我国闻名国际的四大港口城市之一，天津还是名不见经传的一片滩涂；及至近代宁波作为"五口通商"被迫开埠，青岛、大连等城镇化才刚刚起步，更不必说改革开放后才崛起的深圳了。

如此"炫耀"的类比，无意仰抑人。只想说明，以商城闻名的宁波，其实是隐身的文化重镇。其文化价值和地位，显然是被低估了。仅以中华文明源头之一的河姆渡为例：其制陶、稻谷和干栏式建筑的发现，修正了我国学术界总把黄河流域作为中华民族的唯一摇篮的定论，确认了长江流域是中华民族另一个发源地。其出土的代表海上活动的六支桨，印证了宁波先民是我国"海上丝绸之路"的先驱，为我国台湾和太平洋岛屿的文化作出历史性的贡献。澳大利亚悉尼市迪米蒙地电影制片公司在20世纪80年代拍摄了一部记录太平洋沿岸历史的影片，其序幕就是从河姆渡开篇的。

宁波文化矿藏的丰富性和不凡品质，还在于这里是海上丝绸之路的起源地之一，中国大运河的出海口之一，沿海城市中建城的起源地之一，金融史上我国钱庄的发源地之一，海运史上造船和航海的发源地之一……总之，宁波文化是整个中国文化经络中一个很关键的穴位。宁波的历史区域文化，犹如一座丰盈的藏书楼，在文化复兴的聚光灯下，亟须整理与传播。

宁波历史文化何其久也，宁波地域文化何其丰也，先贤前辈们已经为宁波开辟出了一块文化沃土。每念及此，作为祖籍宁波、生活于宁波的我，不禁对家乡深厚的文化遗产肃然起敬。可是，在今天追赶现代化国际港口城市的目标时，有多少宁波人还记得曾经的灿烂？又有多少人了解宁波往昔的辉煌？

（二）

区域文化研究的兴盛和传承，是近年来国内学界的独特景观，既得益于文化的复兴，又受到区域发展竞争的推动。齐鲁文化，燕赵文化，三晋文化，巴蜀文化，吴越文化，荆楚文化，岭南文化，等等，不一而足。这股热潮也波及作为吴越文化分支之一的宁波文化。

某种文明的价值观、思维方式和风俗习惯等，根本上是由地缘自然条件所决定的。文明所处的地缘环境与精神性格之间有着必然的因果关系。法国历史学家布罗代尔认为，影响一个文明的精神气质最根本的因素，是地理条件和自然环境，换成老百姓的说法,就是"一方水土养一方人"。

宁波地处东海之滨,三面环山,潮汐出没的宁绍平原居中,多类型地貌孕育出姚江、奉化江、甬江流贯其中,江河湖海点缀其间,构成了宁波"经原纬隰,枕山臂江"的地理特征。"南通闽广,东接倭人,北距高丽,商舶往来,物货丰溢。"(宝庆《四明志》)"自宋以来,礼俗日盛,家诗户书,科第相继,间占首选,衣冠人物甲于东南。"(成化《宁波府志》)

文化早熟的宁波好比一个内敛聪慧的智者,有外貌形象,有性格气质,也有个性脾气。发源于四明,耸立于三江,兼得中西交汇之利,倚其7000年的文明发展,塑造了一整套属于自己的优秀文化符号、习俗和精神,说得洪亮一点,叫作"宁波文明"。

每一个城市都有自己的来龙去脉,每一座城市都有独特的文化符号。宁波的文化特质,如果要用极精简的字词来表达,就是"江海"和"商贾"。水路交通和商帮文化是阅读宁波风云际会悠长岁月的两个关键词。伸展开来,从类型看,有海洋文化、农耕文化、港口文化、海防文化;从特质看,有商帮文化、耕读文化、工匠文化、饮食文化;从思想看,有浙东文化、佛教文化;从文人看,名儒硕彦,人文荟萃,有南宋的心学先贤"甬上四先生",有先生之风山高水长的严子陵、知行合一的心学大师王阳明、开启日本明治维新的导师朱舜水、工商皆本的民本思想家黄宗羲……正可谓千年古城,百年风云,几度沉浮,气血不衰,乃文化之力也。

(三)

一座城市的持久吸引力,不在林立高楼,而在文化气质。让城市站立不衰的,是文化"软实力"。表面上看,决定城市差异的是经济,骨子里是文化。今观神州,仰赖房地产狂奔的造城运动,流水线般建造的排排高楼大厦取代古城旧貌,割断了多少城市的历史脉络，推平了多少地域审美特征，埋葬了多少丰厚的历史记忆，已经无法计算。宁波籍文化大家冯骥才先生认为，我们中国历史悠久，民族众多，地域多样，每个城市都有独特和鲜明的城市形象。可惜，现在我们660个风情各异的城市形象基本都消失了，即使有，也支离破碎，残缺不全，很难再呈现出一个整体的城市形象。眼下，追名逐利遗失了文化，随波逐流遗忘了故乡，身在故乡而不知故乡何在。

物欲越是膨胀，文化越是珍贵。宁波人之所以成为宁波人，并不是因为出生在宁波，而是身上承载着宁波的文化符号和基因。这些由宁波的风俗、语言和信仰因素组成的"宁波腔调"，以及地缘、血缘关系组成的坐标系，会让人们知道自己是谁、从哪里来。不论你身处世界何地，只要据此便可找到家乡，认祖归宗。如果遗失了宁波文化，即使站在这片土地上，也很难再是宁波人。令人忧心的是，在现代化城市化的急切步伐下，本土历史文化面临诸多存亡考验。公路毁了，可以修复；房屋塌了，可以重建；文化遗产一旦"消失"，如同绝迹的物种，没了，就永远没了。现代人精神家园的迷失和情感归属的危机，成为一种流行国际的精神疾病，正是文化除根后流离失所的后遗症。

今天的宁波缺什么？不少人感叹缺文化，我看来，表述不很准确。宁波并不缺少文化，缺的恐怕是对丰厚文化的记忆和传承。"文之无书，行之不远"，作为文化工作者，作为宁波人，我们深恐随着时间的推移，宝贵的精神财富因文字的阙如而流失，随着记忆的衰退而归零。把文化摆在什么位置，不仅仅取决于政府，更取决于每一个厕身其间的市民的态度。文化是城市之魂，是我们这座城市安身立命的基座。唤醒城市记忆的味道和画面，保护并标出宁波的文化风景线，绘制文化地图延续文脉，亟须一套权威、全面、通俗的文化读物。本丛书的出版和传播，即是努力之一。

（四）

本丛书的编纂，虽非规模浩大的文化工程，却颇费周折，几起几落，幸得宁波文化事业基金委员会慧眼识珠，忝列扶持项目，又得宁波市委副书记余红艺及市委宣传部等部门的鼎力支持，宁波出版社调集精干，组织本地学界文化精英，殚精竭虑，撰写这套丛书。

自2012年始，编纂委员会成立并确定了丛书的编纂大纲，专家们从宁波地理文化和历史文化的坐标中，尽可能筛选出具有鲜明特色和传承价值的内容作为首批选题。第一辑八种，选题侧重反映对宁波发展最具影响力、最具代表性的八个方面地方特色文化。计划此后逐年推出各类文化系列，集腋成裘，奉献出宁波文化的"满汉全席"。

丛书着力点不在学术钻研和考证，而在文化的普及和传播，定位在文化"小吃"，充其量是宁波文化史的通俗版、系列专题篇，绝非贯通一气的皇皇巨著。丛书力求编排图文并茂，文字通俗易懂，集知识性与文学性、学术性与普及性于一体，雅俗共赏，老少皆宜，为大众提供一张文化寻根的导游图，以及一杯安顿旅者心境的下午茶。于闹市中拾取一份宁静，于纷繁中理出一片安详，于浮尘中闻到一缕书香，于物欲中寻得精神的家园。

（本文作者为宁波日报报业集团原党委书记、董事长）

目 录

总 序 唤醒宁波的文化之魂 … 001

【前言】宁波城隍庙：一个无法遗忘的精神地标 … 001

- 挥不去的城隍信仰 … 003
- 道不完的前世今生 … 005
- 描不尽的市井画卷 … 007

[一] 挥之不去的郡庙记忆 … 011

- 后梁始立城隍祠 … 012
- 景福律寺探旧址 … 015
- 帝师殿毁祀城隍 … 018
- 六狂生郡庙举义 … 021
- 浴火重生再恢宏 … 024
- 啼笑皆非打城隍 … 026
- 郡庙曲艺风气先 … 030
- 文商共荣谱新曲 … 036

千年郡庙

【二】渐行渐远的城隍信仰

- 凤著灵异城隍神　041
- 督行法纪司官民　042
- 八位衬神莫相忘　046
- 酬神自娱抬城隍　048
- 坐夜习俗久未衰　050
- 正月初五迎财神　054
- 七月半里放焰口　057
- 十月醮会祭孤忙　061

【三】精美绝伦的郡庙风物

- 固国度民的照壁　067
- 望穿历史的庙门　068
- 雄伟庄严的大殿　073
- 美轮美奂的戏台　079
- 古意盎然的木雕　084
- 交相辉映的匾额　089
  　　　　　　　　094

- 片石留香的古碑　097
- 代神立言的楹联　101
- 喜闻乐见的彩绘　103

【四】浓郁绵长的郡庙画卷

- 滩簧小戏草根香　107
- 「小热昏」卖梨膏糖　108
- 后大殿内听《水浒》　111
- 宁波走书耀郡庙　114
- 八字算命「奇巧灵」　117
- 老庙珠宝载口碑　121
- 津津乐道国泰街　123
- 百年传奇缸鸭狗　126
- 郡庙味道久绵长　130
　　　　　　　　134

致　谢　142

[前言]

宁波城隍庙：一个无法遗忘的精神地标

文化盛而城市兴，城市兴则文化愈盛。一个地区、一个城市的发展，往往因地利而兴，因经济而盛，因文化而久。文化既是城市的DNA，又是甄别城市个性的标志。一座城市，最能展示文明亮点的，还是它的文化地标，它们承载并复制着文化基因，使城市特性在固化中沉淀出各种"文明之花"。在众多宁波文化地标中，宁波城隍庙无疑是富有生命和灵魂的、最具市井烟火气的一座。宁波城隍庙以其独有的文化印迹，经过历史检验和广泛传扬，为城市带来了自豪和荣光，它无疑是宁波的一张"文化名片"，更是城市灵魂的外化物和可视符号……

在浙东宁波，说起城隍庙，可谓家喻户晓。郡是府的古称，因而它又被称为郡庙，因其有别于乾隆三十四年（1769）建于大梁街的鄞县县庙，故甬城百姓俗称其为"老城隍庙"。郡庙位于县学街东端，西接宁波月湖胜景，南邻唐代著名古迹天封塔，是国内现存规模最大、保存最完好的府城隍庙之一。自后梁贞明二年（916）刺史沈承业创城隍祠，到今天遗存的"宁波府城隍庙"，整座建筑占地约4700平方米，平面呈中轴线对称格局，沿南中轴线，建有照壁、头门、前天井、仪门、戏台、中天井、大殿、后天井、后殿，及东西偏殿和左右厢房，是宁波当之无愧的文化地标。

在千年的历史长河里，郡庙往事时而波澜壮阔，时而似涓涓细流。郡庙一直以来就是宁波文商并荣的象征。饱经岁月风霜的郡庙，可以将宁波的祭祀、信仰、商业、饮食、戏曲、建筑等地域文化一网打尽，在宁波的城市发展史，再没有任何一座庙宇对城市的繁荣有过如此强大的作用与影响。千余年来，它几经废替，历劫不亡，见证了城市的历史变迁和宁波市井人文的繁盛。它以一种近似血缘的纽带与甬城同气相连，成为宁波城的重要历史遗迹。

一庙伴一城，共同演绎了宁波城市的漫长发展史，为宁波城留下了一页不朽的篇章和记忆。

挥不去的城隍信仰

人类早期阶段，面对浩瀚无际的宇宙，科学光芒极其微弱，对许多自然、社会现象，乃至自身的生理状况，只能借助神的力量来解释。《礼记》记载：周天子祭祀八蜡神，第七种神是"水庸"。水，为护城的壕沟，称为隍；庸，即城池。"水庸"译成现代汉语就是"沟渠神"，专职守护城池。古代周天子祭祀时，因无固定庙宇，常命人在城外隆起一座土堆祭祀，故"城隍"自"水庸"而来。

中国历史上的封建王朝从建立、发展、鼎盛，直到危机、动乱……周期性的社会动荡给人们的生活带来深重灾难，尤其对城市的影响极大。城市是兵家必争之地，因而城市居民祈求安全的心理也就更为迫切。如此这般，城墙越筑越高，护城河越挖越深，而城隍在民众心理防御上的作用日益明显。在万物有灵观念支配下，古人确信有主宰城垣、壕沟的神的存在，于是就出现了满足人们求生存、保安全心理需求的城隍神。渐渐地，城隍信仰就很自然地赢得了信徒，在社会上流行起来。而后由于道教兴起，城隍神的地位不再是最初阶段的城市保护神，逐渐成为一方冥界的地方长官。正因他是阴间的知府、知州、知县，掌握着一府一州一县人的生死大权，与民众的生活关系密切，所以才备受民众的敬重。

古代宁波，有府县两级行政机构，如今县学街的遗存城隍庙由"城隍祠"演变而来，位于大梁街的鄞县城隍庙早已消失。若追溯"宁波府城隍庙"的历史，大概可上溯到五代十国时期。据《宝庆四明志·叙郡》载："城隍庙在子城西南五十步，梁贞明二年，刺史沈承业建……"此为郡庙的前身。此时距明州在三江口建城才18年，可以说，郡庙是与明州城同时诞生的。"贞明"（915—921）是五代十国时期后梁末帝朱友贞的年号，"吴越国"太祖钱镠同时用该年号。此时的"明州"属"吴越国"，这样算来宁波建城隍庙已有千年历史。

城隍开始人格化，大概自五代十国始。后唐末帝李从珂封城隍为王爵；至两宋，城隍普遍人格化，多奉离世后的英雄或良臣为城隍神，元朝文宗以后还追封城隍夫人。明太祖朱元璋出身平民，为巩固新建王朝，特别提倡城隍崇拜，于洪武二年（1369）下旨封京都城隍为灵王，封各府、州、县的城隍为威灵公、灵佑侯、显佑伯，各地普建城隍庙，盛极一时。清代承袭明制，城隍神在全国普及，明清两代府州县官员莅任，必先祭拜城隍神。

每座城市的历史背景不一，各地供奉的城隍神也不尽相同。譬如杭州供周新，绍兴奉庞玉，台州拜屈坦为城隍神。宁波府城隍庙供奉"功臣"型的纪信。南宋赵与时撰有《宾退录》，其中有记载："（城隍）神之姓名具者，镇江、庆元、宁国、太平、襄阳、兴元、复州、南安诸郡，华亭、芜湖两邑，皆谓纪信。"庆元为宁波旧称，纪信作为宁波城的庇护神，正如雅典娜之于雅典城，城市崇拜通过城隍表达，神格功能背后体现的是精神皈依。

纪信是刘邦身边的一个"二流"将军，他的一生并无张良、韩信出彩，史书上第一次露面，是在鸿门宴后协助夏侯婴，从间道保护逃亡的刘邦回灞上。第二次露面，是在楚汉战争中为掩护刘邦而替君赴死。刘邦成为大汉天子后，念想纪信的功劳，遂追封他为"成纪城隍"，永受人间香火。纪信与宁波的结缘，百姓未必知悉，他虽无"神力无边"之建树，却得到甬城百姓的拥戴。据明人黄润玉《宁波府城隍庙碑记》记载："神灵丕著，祷即应，感即通，岁或雨旸愆期，民必戚于神，而神休于民者多矣。"因纪信时常显灵，清《宁波府城隍庙重修碑记》中也称赞他："宁郡城隍尊神，聪明正直，夙著灵异……""夙著灵异"，是宁波百姓对城隍神的贴切概括。自宋代起，甬城百姓对纪信的崇拜更加普及，且被列入官方祭典，逢清明、阴历七月半、十月朔皆在城隍庙内按时举行祭祀大典。纪信地位大大提高，渐渐地取代社稷神，成为阴间的地方官而广受人间香火。

旧时宁波，城隍既有"钦命"，偶尔也被"民选"一回。元朝，"庆元路"的地方官曾报元成宗，称民众拥南朝宋的开国皇帝刘裕为城隍，实则假托刘裕权威来对抗外族统治，后明太祖朱元璋仍恢复纪信为城隍。满族入主中原后，宁波民间一度把民族英雄钱肃乐供为城隍神，至今还有民间流传的城隍庙与华夏巷的故事。

明清两代，城隍之祀可谓虔诚。每年春秋仲月上戊日，城隍神合祭于山川坛,清明、中元、十月朔,也迎城隍神合祭于厉坛。宁波府知府及郭下的鄞县知县,上任或离任之日,必祭于神前。此外,郡遇旱旸、蝗虫等灾害,宁波地方长官率僚属、耆民祷告于神前,且祭祀费用一律列入财政预算。正因为它是全城的公庙,所以全城人都是它的"庙脚"或信仰者。

道不完的前世今生

五代十国时期,宁波史称"明州望海军"。之前,唐长庆元年(821),刺史韩察将州治从小溪迁至三江口建立"子城"。唐乾宁五年(898),刺史黄晟率众修筑"罗城",为城市的发展奠定了基础。三江口一带的拓建与延伸完成后,明州城的繁华渐渐显现。然而随着大唐的衰败,割据纷争,五代十国时期的明州人民,终究逃离不了频频战乱。

进入郡庙大门后,东首立有一块古老的古碑,即明代黄润玉的《宁波府城隍庙碑记》,碑文详细记载宁波城的历史沿革和建庙敬神因由。城隍祠最初位于"子城西南五十步",若以《宝庆四明志·郡图》考之,位置大约在今府桥街与呼童街的交叉口,即当年子城之心脏地带。地方官沈承业择址于此建"城隍祠",让城隍神独占城市显要之地,其尊崇与重视程度足窥一斑。宋嘉定九年(1216),两浙转运司备摄守程覃奏请宋宁宗,赐庙额"灵佑"。嘉定十三年(1220),庙被焚后重建。元至大二年(1309)庙遭火灾,延祐七年(1320)重建。

明洪武二年(1369),明州城隍神被诰封为"监察司民城隍威灵公"。三年,遵制革去原封号,撤塑像改立木主,题"明州府城隍之神"。四年春,庙毁。是年冬,太守张琪在握兰坊的元帝师殿旧址重建城隍庙,即从原先"子城西南五十步"的位置移到如今的县学街。其后鄞县人单仲友奏请朝廷,建议将明州改为宁波,明州的城隍神庙就改名为"宁波府城隍庙"。

张琪在握兰坊元帝师殿旧址上完成迁建工作后,明代地方官郑珞大修殿宇廊庑,扩建正殿南轩三楹。盛传宁波府城隍神灵有祷即应,地方官陆阜重塑神像后,经儒科世家黄润玉润笔,一篇洋洋洒洒的《宁波府城隍庙碑记》横空出世，碑文史料翔实、文辞生动，字里行间大力渲染城隍神的神威，详细阐述明州城的兴起与宁波的历史沿革。历年既久，殿宇颓圮，明朝成化年间，由知府张瓒发起，对宁波府城隍庙再次进行大规模修缮。

清康熙年间，宁波府城隍庙又遭火灾，知府高启桂重建。此后，雍正、乾隆、道光、同治年间四次修葺。光绪八年（1882），庙前后大殿遭焚，邑绅募资重建。这次建造，整座庙宇结构完整，古朴华丽，气势宏伟，无论是建筑规模，还是工艺精美程度都超过以往。重建后的宁波府城隍庙布局一直遗留至今。

1911年，辛亥革命推翻了中国两千余年的封建专制统治。西风东渐，"德""赛"两位先生来到中国，破除封建迷信的风潮连同毁庙兴学的冲突，在甬城屡屡交锋，宁郡城隍尊神的命运自此跌宕。民国十七年（1928），延续千余年的郡庙祀制被彻底废除，神像被拆毁，庙屋改作民众娱乐场所。延续几个世纪的城隍公祭等活动在1931年废市设县之前，均未恢复。所幸在1948年有一次规模不小的修葺，当时集中了宁波本地的能工巧匠，城隍神祀信才得以还庙，韩察、应彪、王元暐、黄晟、沈承业、王安石、张琪、钱肃乐八位祔神出现于市民面前。

新中国成立后，郡庙再无"城隍出巡"等活动。1956年宁波工商界的社会主义改造完成后，宁波餐饮史上的首次盛会落地郡庙，大殿里摆起了一排排炉灶，甬城各大饭店首次在此集会，联合举办盛况空前的"首届宁波市名点名菜展销会"，评出宁波"十大名菜"和"十大传统小吃"。郡庙摇身一变，成了宁波的美食城，此后这种市井的"美食情怀"影响着一代又一代的宁波人。

1964年，宁波的街巷再次掀起破除迷信的群众运动，一夜之间曾经殿宇壮丽的郡庙，成了一座无神的空庙。随后的十年"文革"，郡庙戏台和书场再无往日的人头攒动和欢声笑语，百花齐放的曲艺随之凋零，八方小吃不见踪影。那个商贾云集、百业兴盛的民俗大舞台，从市民的生活里淡出，终日紧闭的大门风尘厚积，铅华落尽，尽显苍凉。

20世纪80年代初，郡庙建筑群被列为市级重点文物保护单位后，经过镇明区劳动服务公司的改建，郡庙变成了当时省内最大的综合性商场。

进入21世纪后,传统商业受到网购等新兴消费模式的冲击,在2015年8月闭门改造,而升级后将更名为"明州1371城隍商城",融入明清建筑、人文、风俗、戏曲等传统元素,成为一个以城隍文化为主线的文化、旅游、休闲、消费的大型商业中心。它的前世今生道不尽,实则郡庙未老,古今合璧,庙宇文化、城隍文化、商业文化在此交相呼应。这块地标以其无可取代的文化优势与商业结合后,以文商并荣而再显辉煌。

描不尽的市井画卷

一座城中,城隍庙并非是可有可无的附着物,而是成了深入城市肌理的象征与符号。它既是城市居民的精神家园,又与城市发展、城市经济、城市居民之间建立起密切的关系。一座城中,城隍庙所在地往往成为这座城市的商贾荟萃之地,进而带动周边成为整座城市市井文化气息最浓的地区。对一座城市城隍信仰及城隍庙演变过程进行梳理,可以了解这座城市市井文化的沿袭发展,浙东宁波亦如是。

宁波郡庙一直延续着城市的文化传统,虽然城墙已拆除、护城河已变短,不再需要城隍神的庇佑,但围绕城隍信仰开展的一系列民俗活动,身跨有形和无形两大文化领域:既包括如街道布局、房屋建筑风格等城市有形传统文化,又包括生活风俗、宗教信仰、价值观念、审美取向、城市精神等无形传统文化。

旧时的宁波城不大,四乡八邻的乡民进一趟宁波城,实属不易,所以都把郡庙当作落脚点。一年四季的城隍信仰活动是当年的盛会。清明、七月半、十月朔"三巡会"和城隍诞日是四次高潮,犹如周期性的大潮汛;初一、十五的"坐夜"是铺垫,仿佛涓涓细流;临时性的祭拜活动,好似细小旋涡,构成了一波未平又起一波的信仰现象。每逢此时,城区商店门口必挂蜈蚣旗,各街市路旁焚烧冥锭施孤;城隍出巡仪仗富丽绝伦,纱船、抬阁,船头阁上扮装戏文;沿途细吹细打的鼓号喧天……诸如娱神娱人的"三巡会",无不聚集人气。明代以后逐渐出现了集城隍信仰、商品交流、民间艺能表演于一体的城隍庙会,而它最终反客为主,成为城中最主要的、最有活力的集市贸易活动。"城隍庙内去烧香,百戏纷陈在两廊。礼拜回头多买物,此来彼往掷钱忙",正是这种情形的真实写照。

清光绪八年重建后的郡庙布局一直遗留至今,因其结构精严、富丽绝伦,在浙江省当推第一。正殿香火昼夜不绝,街上酒肆茶楼、药铺货代、珠宝银楼欣欣向荣。每逢敬神之日,庙内庙外、街头巷尾更是车水马龙、人流如潮。两廊设摊售技者,有测字、看相、批命纸、唱文书、说武书、变戏法等。庙门内外饮食摊林立,热食、冷食、荤食、素食、水果、糖果应有尽有。远近游客,四乡八邻的乡下人视城隍庙为乐园,拜菩萨问签了愿后,才不枉宁波城内走一趟。

处市井繁华之地的郡庙,西边有古董字画、文房四宝,东边有香火蜡烛、锡箔经忏;前厢是水磨昆腔的《牡丹亭》和《长生殿》,后厢是草根滩簧的《扒灰佬》和《双投河》。所谓"狗皮膏药刮痧气,盲姐卖唱讲肚仙;沙炒倭豆地力糕,大汤面结馄饨担;兰花香干茶叶蛋,大饼油条粢饭糕……"描扇面、裱字画、刻图章、做嵌镶、珠宝玉器、胭脂水粉聚拢,活脱脱是一轴热闹生动的郡庙市井图。

旧时,从天封塔由东向西,接近郡庙处,有一条独具特色的"算命街"。卜卦、看相、拆字、看风水、讲肚仙等江湖杂术充斥其中,沿着风火墙往东走,一路可见众多"格子铺",但凡庙周有空隙,各路"活神仙"们皆扎堆于此。只见他们,一个个长衫马褂,头顶瓜皮小帽,戴金丝框墨镜,个个巧舌如簧,口若悬河,铁口一开后侃得"白鲞会游,死人会走"。

郡庙又是各种曲艺的荟萃之地,此地独得风气之先。每逢传统庙会,不论刮风下雨,满口宁波方言的曲艺、传统剧目精彩纷呈:四明南词《双珠凤》、评话《水浒》、走书《白鹤图》、唱新闻《三县并审》,还有卖梨膏糖的小热昏,讲"善书"的葛慈生。彼时,郡庙好比是北京的"天桥剧场",各路曲艺在老庙内轮番登台。1952年底,一块"宁波甬剧团"的木头牌子挂于郡庙大门,徐凤仙、孙荣芳、徐秋霞、汪莉珍,这些老戏迷耳熟能详的演员时常现身郡庙。金玉兰和黄再生,因主演《小二黑结婚》而一度成为年轻人心中的偶像。1953年宁波甬剧团在郡庙上演《田螺姑娘》,买票的队伍从城隍庙排到药行街,长达百余米。宁波评话"活武松"张少策和走书名家许斌章、朱桂英在郡庙拥有众多听众,好评如潮。

  在江南濡湿的空气里,在烟火缭绕的郡庙里,萌生了各种经典的宁波味道,它们仿佛是天生的宁波风物,注定要在"海定则波宁"的郡庙内绵延。但凡在老城厢内长大的宁波人,童年记忆里又怎会少了"城隍庙小吃"的印记?多年来,宁波城隍庙作为本埠小吃的大本营,永远是熙熙攘攘的人群和令人目不暇接的各色小吃。在那一幅热气腾腾的画面中,有百年缸鸭狗传奇,有盛况空前的"首届宁波市名点名菜展销会",还有一碗猪油汤团、牛肉细粉汤,乃至一个炸鹌鹑或一串臭豆腐。那些现世安稳、岁月静好的郡庙老味道,让一代代宁波人为之追忆。

  泱泱明州古城,底色深沉,暗藏着自己的纹路和脉络,沉淀在郡庙中的岁月故事精彩绝伦,稍作仰首,即可领略。它们如月映水,随处可见,仿佛稍稍触及它的体肤,就能感受到脉搏的跳动。可以毫不夸张地说,郡庙的市井文化就是宁波社会发展的一个侧影,不同时期的郡庙市井街巷就是一幅独具吴越风情的"清明上河图"。

  藏身千年古城里的郡庙,如今砖墙已斑驳陆离。如今,政府部门将郡庙所有的小吃与其他经营部门清退撤场,紧接着,一项"城隍庙区域改造提升"的工程被提上议程。我们期待着这次大修尽量恢复郡庙1884年重建时的原貌,将其保留为一个文化、商业、旅游相结合的地标。因为那"固国度民"的照壁,穿越历史的大门,雄伟庄严的大殿,片石留香的古碑,美轮美奂的戏台依旧默然伫立……

  千年郡庙穿越过历史长廊,聆听过天封塔铃的缠绵悠长,那浑厚沧桑的模样,是百年砥砺后的从容不迫,那氤氲的人文气息,更是百年沉淀后的芳华无限。我们期待这个独特的文化地标在宁波这片热土上,继续闪耀人文之光,让我们在"名城名都"的品质之城中继续感受它的温度和热度!

【二】

挥之不去的郡庙记忆

后梁始立城隍祠

《三国演义》全篇的起语为："话说天下大势，分久必合，合久必分……"罗贯中的这一番话，一语道破了中国历史的分合之象，总结了统一与分裂的历史轨迹。而每每在分合之时，无能为力的百姓都处在水深火热之中，迫切想得到神灵的庇佑。

纵观中国历史，最值得国人自豪的两个朝代，莫如汉和唐。汉代雄武，唐朝气魄，自古以来为史学家所称道，国人多以"汉唐"为傲。而汉唐之后的两次大分裂，同样是石破天惊。汉朝之后的三国时期，经罗贯中的演绎，大部分故事已家喻户晓，耳熟能详。而大唐灭亡后的五代十国，其过程之曲折，斗争之激烈，命运之无常，绝不亚于三国，上演了一幕幕惊心动魄的历史剧。短短五十多年间，一口气诞生了十多个政权，改朝换代速度之快、频率之繁，令人瞠目结舌。

或许是中国古代没有形成统一的宗教，故而未出现主宰一切的最高神，孔圣人、元始天尊、玉皇大帝、释迦牟尼各坐一把交椅，各率一班人马。神灵充斥人世间的角角落落，影响着人们的一言一行、一举一动。动荡的年代里，城市的保护神、冥界的地方官——城隍，便是这林林总总神灵中的一员。生逢乱世的明州百姓，将平安赐福的希望寄托于城隍神，他们信仰虔诚，相信城隍神能为他们消灾除祸，带来安宁，于是渐渐地把城隍神作为城市的庇护神。

城隍发轫于古代的水庸，即沟渠神，居八蜡神的第七位，地位卑微，影响不大。城隍神，往往不以城池安神，而以城市的结构来确定。古代的宁波，有府县两级行政机构，如今，县学街遗存的城隍庙由"城隍祠"演变而来，位于大梁街的鄞县城隍庙已消亡。若要追寻"宁波府城隍庙"的历史，大概可上溯到五代十国时期。据南宋《宝庆四明志·叙郡》记载："城隍庙在子城西南五十步，梁贞明二年，刺史沈承业建。"虽草草几句，可算是宁波郡庙建造历史的最早记录。公元916年，地方官沈承业率众始建城隍祠，这样算来宁波建城隍庙已有千年历史。

宁波府城隍庙

　　五代十国时期的宁波，史称"明州望海军"。在此之前，唐长庆元年（821），刺史韩察将州治从小溪迁至三江口，建立"子城"，开启宁波城市发展的三江口时代。唐乾宁五年（898），刺史黄晟率众修筑"罗城"，为其后城市的发展奠定了基础，三江口一带的拓建与延伸，明州城的繁华渐渐隐现。然随着大唐的衰败，割据纷争，五代十国时期的明州人民，终究逃离不了战乱之苦。

　　早在唐朝时，道教鼎盛，城隍的信仰已深入州县，民间祈雨求晴，祈福消灾，皆会求助于城隍，许多知名的文人雅士，如杜甫、韩愈、张九龄、杜牧、李商隐等都撰有祭祀城隍的诗文。恰逢"皇帝轮流做"的乱世，明州百姓迫切渴望得到神灵的保护，就在黄晟修筑罗城的18年后，刺史沈承业率众共建"城隍祠"，终于为城市树立起一个信仰与希望的地标。

　　在今城隍庙大门东首，立有一块古老的古碑，即明代黄润玉的《宁波府城隍庙碑记》，碑文详细记载了宁波古城的历史沿革和建庙敬神的因由。"城隍祠"最初位于"子城西南五十步"，若以《宝庆四明志·郡图》考之，位

今日呼童街（城隍祠遗址）

置大约在今府桥街与呼童街的交叉口,即当年"子城"的心脏地带。当年,地方官沈承业择址于此建城隍祠,让城隍神独占城市显要之地,其尊崇与重视程度足窥一斑。城建后神立,神立则"灵佑",建于子城中心的城隍祠,犹如城中的信仰大舞台,成为最早的公共场所,历尽无数劫难而不亡。

如今此地西侧已树立一块巨大的石牌坊,两面分别刻有"近悦远来""利涉大川"的字样,昔日"城隍祠"的踪影,早已湮灭于历史的烟尘之中。但它以一种近似血缘的纽带与城市同气相连,逐渐成为宁波古城的象征之物。一庙伴一城,共同演绎着这座浙东古城的漫长发展史。

景福律寺探旧址

郡庙大门的西墙下，有一块墨绿色花岗石刻的《宋景福律寺遗址碑》，小小的石碑极不显眼，常被人忽略，且鲜为人知的是，该碑铭为日本僧人村上博优书写于 1999 年。

自 1979 年起，日本僧人村上博优陆续来宁波"寻根访祖"。根据他多年的研究和实地考察，认定现存的郡庙为宋景福律寺遗址，并言称"明州城内的景福律寺，日本的入宋僧几乎必到"。谁曾料到，这块风水宝地竟名声在外，一度是中日文化交流地。随着研究的深入与中日之间交流的频繁，郡庙与景福律寺遗址的关系也慢慢清晰了。

一个日本僧人，为何要在郡庙立碑？村上于 1925 年生于日本长野县，早年毕业于驹泽大学哲学系，专门从事中日佛教文化研究，曾任上田市教育委员长、长野县第一宗教事务所副所长等职。自 1979 年底首次访问宁波以来的三十多年间，其先后百余次抵达宁波进行文化交流和学术访问，探寻宁波宗教兴衰史，出版了大量有关中日文化交流的论著。1999 年，他应首届省洽会组委会之邀请访华，其间在曹厚德、杨古城、林宇镇三位先生多方奔走和协助下，完成景福律寺的立碑工作，促成了中日交往史上的又一段佳话。

律宗是汉传佛教宗派之一，因着重研习及传持佛教戒律而得名。村上的研究资料表明，宁波故城由于拥有三江口港区的地利之便，历史上长期是东亚佛教文化交流的枢纽，在我国佛教界对外交往的历史进程中发挥了积极的作用。宁波与日本佛教的交流，始于晚唐，盛于两宋，延续至明代。宁波许多寺院曾是日本僧侣抵华、踏上巡礼求法之旅的重要起点，而扬名在外的景福寺曾是东瀛僧侣抵甬后，必到的城区寺院之一。

"唐塔宋庙"，北宋时期寺庙遍布宁波古城。据《宝庆四明志》卷十一《寺院·十方律院》记载：景福寺原称水陆莲花院，建于北宋建隆二年（961）。大中祥符三年（1010），宋真宗赐名"景福"，因弘传律宗，故称"景福律寺"。中国佛教律宗由唐代道宣开创，到宋代明州律学名僧辈出，南

宋景福律寺遗址碑，村上博优书

宋时期的著名律僧如庵了宏，就是景福律寺的住持，他因传持元照的律系而名闻东瀛。

日僧俊芿（1166—1227），专持律宗，在日本国内遍访名师后，仍对戒律不明。于是，在南宋宁宗庆元五年（1199）渡海入宋到庆元府，师从著名律僧如庵了宏，专修律学。静心修习三年，于大小部文，悉皆通达，这些都在《泉涌寺不可弃法师传》中有详细记载。南宋宁宗嘉定四年（1211），俊芿游学中华后，仍从庆元返日，请回许多律宗典籍，包括道宣、元照真影各一幅，于日本京都大弘律法，成为日本律宗泉涌寺派的开祖，泉涌寺成为日本"北律"的弘扬基地。

有趣的是，在俊芿离开庆元五年后，即南宋宁宗嘉定九年（1216），城内的城隍祠得到了一块宁宗赵扩赐题的巨幅匾额，上书"灵佑"二字。皇帝御赐"灵佑"匾额，是想利用城隍来监督各级地方官员，从而维护统治。这些由政府明文颁布的祭祀虽然普通百姓并不一定知晓和遵循，但政府官员参与祭祀时，却总要在形式上按规定的程序演示一遍，以示对城隍的崇拜。至于新官上任，首先要祭拜城隍，求雨求晴，消灾除祸，也往往由地方长官出面主祭。地方官员频繁主持城隍的祭祀活动，无疑增加了城隍

历尽沧桑的城隍庙门口石狮

信仰的官方性质。城隍庙的这番经历,被明代黄润玉写入《宁波府城隍庙碑记》中,记录详细而确凿。

在宋宁宗赐题"灵佑"匾额67年后,忽必烈已转战南北,消灭南宋政权,建立了元朝帝国。不幸的是,在至元十九年(1282)景福律寺毁于火灾,从此消失在历史的长河中,幸好有不少律宗的典籍在日本泉涌寺刻版重印,得以广泛弘扬,如今从"泉涌寺版"中,依稀可以寻到景福律寺的痕迹。随着中日文化交流的日益频繁,日本律宗"寻根访祖"之旅,总会踏入宁波郡庙,便渐渐引出了村上博优在此题写碑铭的这段传奇。

帝师殿毁祀城隍

纵观宁波城隍庙的发展历史，明代是最关键的转折时期。元惠宗至正十五年（1355），方国珍攻占庆元，都元帅纳麟开城门投降，自此以至明初，庆元、台、温为方国珍所据。至正二十五年（1365），元政权不敢征讨，以方国珍为淮南行省左丞相，治庆元。次年，又以方国珍为江浙行省左丞相。明洪武元年（1368）方国珍降朱元璋，改庆元路为明州府，隶浙江行中书省。洪武十四年（1381），明州府鄞县人单仲友奏请朝廷，曰明州与国名相同，他认为明州府内有定海县（镇海），采"海定则波宁"的含义，可将明州改为宁波。朝廷为避讳起见，遂下诏改名，宁波作为政区名称始于此。而这以后，明州的城隍神庙就正名为"宁波府城隍庙"。

明太祖朱元璋，对城隍尤其推崇，想利用城隍来监督各级官员廉洁从政。在明州改名宁波之前，明洪武二年（1369），朱元璋曾诰封子城西南的城隍神为"监察司民城隍威灵公"，这个威灵公的地位仅次于都城南京的王爵，相对于州、县的灵佑侯和显佑伯，秩正二品。他甚至详细订立建庙之高、阔等细则，庙必须与所在官署正衙相等……自此，宁波城隍神地位空前。

然好景不长。处在子城西南的城隍神被诰封为威灵公。两年后的初春，即1371年，火堂弄（今呼童街）燃起了熊熊大火，西南五十步之遥的城隍庙未能幸免，化为灰烬。时任宁波地方官张琪，耳闻目睹明太祖对城隍的重视，不敢懈怠，决定另择良地建造。是年冬天，张琪几经周旋，最终择址于握兰坊的元帝师殿旧址重建。

城市建筑、街坊里巷的发展，也反映了宁波城市的形成过程。早在宋代，握兰坊就是东南厢的十四坊之一，与新寺大街相接，即今南起县学街，东通开明街，北至新街，中与药行街相交，全长不过500米。它在两宋时期已初具繁华之态，先开人文鼎盛之风，最重要的，握兰坊曾是元代"帝师殿"旧址。

对元代的帝师殿，不少人是陌生的。帝师，元代皇帝的老师，又称国

城隍庙于 1981 年被列为市级文保单位

师。元代以藏传佛教为国教，中国历史上有一个著名的喇嘛——八思麻知纬侯（八思巴）。忽必烈从八思巴受佛戒，尊八思巴为国师，授以玉印，命他以"国师"身份统领"总制院"和天下佛教徒，掌管元代佛教事务和吐蕃地区的行政事务。据传，八思巴能作法，常呼风唤雨，可保佑忽必烈千军万马在许多战役中攻无不克，战无不胜。大元帝国"天兵飞渡长江，竟成一统，实赖帝师"。忽必烈相信因为有八思巴暗中作法相助，他才能统一全国，成为元代开国之君。

继八思巴之后，元代各帝都以喇嘛为帝师。新帝在即位之前，必先就帝师受戒。帝师成为元中央的重要官员，领中央机构总制院事。八思巴离世之后，元代统治者敕令"天下郡国皆立帝师殿"，为其建庙祭祀，还在南宋都城杭州设置江南释教总统所,任命喇嘛胡僧统理,直接管辖江南佛教。于是,各地纷纷兴建"帝师殿",其建制、规格与孔庙不分伯仲,具有广泛的影响力,这股风潮也波及浙东宁波。

张琪在元"帝师殿"旧址上改祀城隍,想必是经过反复斟酌和充分考虑的。迈出迁建这一步,可谓城隍庙发展历史上的最大转折。太祖朱元璋极力推崇城隍以强化皇权统一,曾言"朕立城隍神,使人知畏,人有所畏,则不敢妄为""置守令以治民生于昭昭之际,设城隍以司民命于冥冥之中"(《明史》)。在此背景下,张琪将原子城的城隍庙迁建,一方面是毁弃元帝师殿与喇嘛教,进一步维护和强化城隍信仰;另一方面,握兰坊一带在明朝已是宁波的闹市区,帝师殿外一向是车水马龙、人流如潮,属市井聚集繁华之地,是公祭城隍和举办庙会的理想属地。

张琪在握兰坊元帝师殿旧址上完成迁建工作后,明正统三年(1438),地方官郑珞重修殿宇廊庑,扩建正殿南轩三楹。七年后,盛传宁波府城隍神灵有祷即应,地方官陆阜重塑神像,黄润玉撰写的《宁波府城隍庙碑记》为后世留下了一份珍贵的历史文献。

六狂生郡庙举义

清顺治二年（1645）春夏之交，又是一个中国历史命运的关键时刻。清军击溃李自成农民军后，大明王朝岌岌可危，历史的天平逐渐向清政权倾斜。清军由陕入豫，转而南下，南明军队如同深秋之落叶，随风飘散，不堪一击，清军一路如入无人之境，直抵江北扬州城下。

同年4月，扬州城被清兵攻破，史可法壮烈殉国。清军在扬州城内展开大屠杀，持续十日，仅被收殓的尸体就超过80万具，史称"扬州十日"。清兵渡江后，南明军队非溃即逃，南京不战而降，弘光帝被清军擒获，南明弘光政权覆亡。清军在"扬州十日"后挟威下江南，攻陷浙江，下破杭州。宁波已危在旦夕，一时风雨飘摇。

目睹浙江省内各府官员献城求降的现状，大小文武官员躲的躲，逃的逃，时任宁波地方官朱之葵也按捺不住了，扬州屠城的阴影笼罩在他心头，他也萌生了削发求降的念头。恣意气壮的清军以为南明弘光既灭，江南归附大清，1645年的端午节刚过，便传天下檄，颁剃发易服之令：先下一道"各处文武军民尽令剃发，傥有不从，以军法从事"的通令，再下第二道"遵者为我国之民，迟疑者同逆命之寇，必置重罪"的限令，清军所到之处，十日内尽行剃发易服，不随清朝制度者，杀无赦。

剃发易服、宁波即将降清的噩耗，传到宁波城内六个义愤填膺的书生耳朵里。这六个读书人分别是鄞县贡生董志宁，同里诸生陆宇燝、张梦锡、华夏、王家勤、毛聚奎，时称甬上"六狂生"。剃发易服这一令人不堪的行为，激怒了汉族儒生们，众人汹汹思动，愤起振臂而呼。1645年闰六月十二日，他们邀集宁波城乡士绅于城隍庙集会，与平民百姓数千人，共同商讨保卫甬城的抗清大计。

此时，宁波城里有位崇祯十五年刑部员外郎钱肃乐，眼看大明江山易主，他闻信恸哭，咯血不止，决定效法刘宗周为国绝食誓死，其诸弟忙着为他准备后事。"六狂生"得知钱肃乐在鄞县东吴养病，遂用言语激励钱公。"六狂生"极力相请，钱肃乐逐渐打消了绝食的念头，尽管咯血不止，仍于闰六月十二日,愤然出现在城隍庙之中。

清廷以铁血手段推行剃发令,极大地刺激了汉人的感情,引发了甬城百姓的怒火。闰六月十二日当天,城内百姓纷纷到郡庙内焚香跪求城隍神,保佑家国千秋。城隍庙内外聚集了数千人,在"六狂生"的呼吁下,"跪求城隍大会"变为"誓师大会"。举人张苍水赶来,宁波地方官朱之葵也前来观察动静。

家国患难,坚守"我宁全发而死,必不去发而生"的信念,鄞县古林布衣戴尔惠在人群中振臂高呼:"何不就推钱公为首,树旗起义!"众人闻语,情绪激昂,齐声赞同,簇拥钱公进入署中,公推钱肃乐为义军领袖。宁波海防道的两营官兵和守城官兵也表示支持举事,士农工商、贩夫走卒纷纷挥臂响应,朱之葵早已魂飞魄散。

江南濡湿的宁绍平原,一场反清的燎原烈火却猛然升起,不可向迩。在"六狂生"的推波助澜下,宁波人民的抗清斗争在城隍庙里揭开序幕。随后,钱肃乐、张苍水率领义军投入抗清斗争中,慷慨悲歌,死而后已。钱肃乐于1648年死于舟中,张苍水坚持抗清近二十年,于1664年在杭州就义。其间,更涌现出一大批志节坚贞之士,如"六狂生"或被害,或就擒,其事迹英勇悲壮,可歌可泣。传说钱公曾于清康熙六年(1667)代替纪信,被推为宁波府城隍主神,足以证明钱公在百姓心目中的地位,但朝廷避讳"反清复明",官方不予认可。

城隍庙见证了"六狂生"举义的全过程,成为宁波抗清的首义之地。而他们聚义城隍庙、精忠报国的故事为后人所敬仰,成为宁波古城的一段不朽记忆,也为中国历史留下了极其光辉的一页。

六 狂生郡庙举义

马联飞 绘

浴火重生再恢宏

宁波府城隍庙从子城西南迁建握兰坊之后，饱经岁月之风霜，五百年后，又迎来一次劫难。清光绪九年（1883）五月初一的一场大火卷噬了郡庙。当时上海的《申报》详细报道了这场大火，读罢人们恍若置身火灾现场：

"五月初一晚七点余钟时，宁波府城隍庙大殿上突然火起，守庙人等并不出外呼救，亦不舁城隍神像出庙，但皆从后门逃走。附近居民皆欲赴救，无如庙门闭不得入，于是槌碎庙门入视，则势已燎原，延及后殿。迨各处水龙、洋龙以及文武官员赶到，不可收拾矣，约焚两点钟之久。大殿三间两弄、后殿五间、台亭一座、东西看楼，共为焦土。唯后殿东西墙外之余屋以及大殿下东西两廊，皆赖各水龙竭力浇灌，得未延烧……"

由于时代之局限，报道未附失火现场的照片，但从文章的字里行间，可以体会到大火的峻猛之势，昔日壮丽的"勾连搭"几乎为大火所毁，东西看楼等处，皆成烟灰焦土。而半年后，即1883年秋，城隍庙迎来了历史上的又一次重建。宁波府城隍庙的恢宏格局、巨大规模均在这次重建时奠定下来，成了近现代修复的依据和模本。

重建营造工程于光绪九年（1883）深秋陆续展开，至光绪十一年（1885）孟冬，大殿已建成，雕梁画栋、流金溢彩，彰显瑰丽与辉煌。庄严雄伟的大殿堪称清代官式制作与地方建筑工艺相结合的典范，形制硬山建筑既饱含营造法式的规模与大手笔，又处处体现浙东工艺的生动与细致。譬如"彻上露明造"等殿内布局，既增加屋内高度，又呈现出结构之美。而"如意斗拱""戏台藻井""墀头""牛腿""围栏"之处，又采用传统宁波朱金漆木雕和螺甸嵌镶技术，在装饰技法上堪称浙东一绝。

"后殿、前后左右厅宇、东西廊庑、亭台门垣以至官厅公所庖湢之属"等其余建筑则在光绪十三年（1887）全部竣工。历经四年之久的重建，宁波府城隍庙于1887年再现秀伟于世人。于是，上海《申报》再次报道："宁波郡庙告成，择吉开光……大门内东之怀棠祠西之痘神殿，陈列各玩器，商彝周鼎，古翠斑斓，疑非人世间物……"

《申报》的报道,清清楚楚地描述了城隍庙大殿、后殿、怀棠祠、戏台等区域的格局,还让后人知晓了城隍庙建有逃生的"后门"。修庙同时,为防祝融之灾,还特地开挖了蓄水救火的池子……这些细枝末节的描述,足见当时人们对这座庙宇重建的关注程度。

或许是"累世劫数",抑或是"因祸得福",由1883年火灾引发的重建,使宁波府城隍庙的庙容与庙貌发生了根本性变化。在当时,它绝对算得上是全国最大、最新的城隍庙。如今遗存的穿门、照壁、古碑碣、仪门、戏台、大殿和后殿足以见证其彼时的辉煌。重建后的郡庙,也奠定了宁波府城隍庙在我国府级城市同类建筑中的地位,在国内树立了一定的知名度。

渐渐地,那保国佑民、剪恶除凶的"城隍老爷"和各路神仙再次被请入庙内,一如既往地护佑着甬城黎民苍生。逢年过节,城隍庙祭祀、祈祷、庙会等民间活动此起彼伏,庙内张灯结彩,锣鼓喧天,热闹非凡,虔诚燃烧的香烛长盛不衰。时至清明、中元、十月朔,必迎城隍神合祭于北门外郡厉坛;知府及郭下的知县,上任或离任之日,常祭于神前;倘遇旱旸、水灾,地方长官每每率僚属、耆民祷告于城隍神前。而重建之后,四乡八镇,士农工商,络绎不绝,繁华空前。城隍庙周遭逐渐发展成商文并兴之地,重新塑造了一个集民间信仰和民俗文化于一体的公共活动场所。

啼笑皆非打城隍

纪信作为"宁郡城隍尊神","神灵丕著,祷即应,感即通"。自宋代起,城隍神得到甬城百姓的拥戴,因时常显灵,连文人雅士都赞其曰:"聪明正直,夙著灵异"。"夙著灵异"大概是民间百姓对他最贴切的概括。这尊神像曾被列入官方祭典,逢清明、七月半、十月初一都要在城隍庙内按时举行祭祀大典,可见其地位之提高,超过社稷神,成为阴间的地方官而广受香火。

几个世纪后,公元1911年,辛亥革命推翻了中国两千余年的封建专制统治。西风东渐,民主和科学思想传入中国。破除封建迷信的风潮,连同毁庙兴学的冲突在甬城接踵而至、屡屡交锋,宁郡城隍尊神们的命运自此跌宕。

辛亥革命推翻帝制后,各地军阀割据混乱,当时的宁波,属苏浙皖赣闽五省联军总司令孙传芳的管辖。1926年,江浙一带风声趋紧,国民革命军由广州出师北伐,进入湖南,打得湖南军阀落花流水。攻克长沙后,北伐军行军迅速,作战勇猛,直取武汉三镇。北伐军的节节胜利吓坏了孙传芳部队。1927年初,北伐东路军已经取闽入浙,孙传芳内部分化,有的甚至倒戈投向北伐军。1927年1月,北伐军已逼近奉化,即将抵达宁波城。

1927年2月,段承泽部队仓皇北上逃走后,宁波作为浙东商业中心,又是蒋介石家乡所在,浙江省政府为装饰门面,加强沪杭甬三地交流,讨蒋介石欢心,表现新建设的成绩,遂有设立宁波市之议。但市长人选,逐鹿者众,同年6月,才任命宁波人罗惠侨为宁波市市长。

罗惠侨,这位曾在美国麻省理工学院留过学的鄞县人,与当时浙省府委员、省建设厅厅长程振钧有旧日同事之谊,又见过世面,于公谊或私情上,均属适宜。罗惠侨就任市长期间,兴办各项事业,进行户口调查,办理土地丈量登记拆除城墙,浚填河道,筹设自来水厂,改良消防队,设立菜场,收容游民、乞丐和残疾人等,确实干了不少实事。同时,社会上兴起了一阵破除封建迷信的风气,郡庙里大大小小的泥菩萨在他手里遭了殃。

啼笑皆非打城隍

马联飞/绘

在罗惠侨先生的回忆史料中,有《打城隍》一文。1928年冬天,随着北伐的成功,打击民间多神信仰的风潮迅速波及长江流域。一股"戒除迎神、建醮、拜经及诸迷信鬼神之习""戒除供奉偶像牌位""戒除风水及阴阳禁忌之迷信"的潮水波及甬城。当时主其事者为国民党宁波市党部,追随者有商民协会、工会、学生会等民众团体。

民国初年,国民党人的毁庙运动中,先拿城隍庙开刀,也是有渊源的。当时,孙中山发表的政令、演讲均重视基督教,也明令保护佛教和回教,批准佛教立案,但并无提及道教,而且对民间多神信仰持否定态度。城隍之名在北宋以前不见记载,本无神主。至清代,演为不经之谈,谓城隍专司鬼篆等。国民党人认为,城隍是巫觋之流妖言惑众,流俗风靡,是国民精神信仰的一个污点。由此,国民党人在开展毁庙运动时,将城隍信仰列入"迷信"范畴,予以否定。

当年的罗惠侨先生,鉴于千年封建迷信习俗恐难铲除于一时,也曾意志游移不定,但受大势所趋,终究采取了行动。又恐群众闹事生非,众人商量决定在夜间进行。他们先从宁波府城隍庙下手,一面通知各社会团体派人参加,一面派督察戒备四周,以备万一。

是夜十时,北风呼啸而过,众人到达城隍庙后,不顾惊惶失色的庙祝的阻拦,冲上台阶进入城隍庙正殿。但面对城隍神像,大家仍存有畏惧心理,谁也不敢先下手打城隍。此时,罗惠侨市长见状,决定先行以作表率,打消众人的疑虑。他亲自将前殿主神和后殿的城隍娘娘拖倒。这一下给众人壮了不少胆。大家一拥而上,将平时供奉谨严、不敢稍有怠慢的城隍老爷塑像击毁,其余两廊和大门内诸多菩萨由随从人员一一捣毁。事毕已接近午夜。

宁波城隍庙神像被打毁的消息不胫而走,听者莫不骇异。第二天,群众看到这一情形,满街嗟叹,怨骂不止,并声言为城隍菩萨报仇。一些士绅指责当局"大逆不道",更是痛骂不止,一时民怨沸腾,几致交哄。罗惠侨市长怕再生变故,很长一段时间,出门要带警卫保护。所幸日子一久,风声渐止,未出现肇事者。

延续几个世纪的城隍公祭等活动，自此废止，城隍主神、城隍娘娘、瘟神、痘神、二十四司及其他鬼神像一并化作尘土。至1931年废市设县之前，均未恢复，但民间的"坐夜"活动依旧盛行。所幸在1948年有一次规模不小的修葺，当时集中了宁波本地的能工巧匠，城隍菩萨们才得以还庙，八位袝神出现于市民面前。但1964年，宁波的大街小巷再次掀起破除迷信的群众运动，城隍菩萨们最终未能逃过此劫，一夜之间倾倒，大大小小的泥菩萨永久消失。城隍庙大殿被改成"科学宫"，办起了反迷信展览会，戏台变作"天文馆"。城隍神从此一去不返，曾经殿宇壮丽的城隍庙，成了一座无神的空庙。

昔日郡庙戏台上的演出盛况

郡庙曲艺风气先

宁波城内的郡庙,自民国初期遭受了国民党人的毁庙运动后元气大伤。延续几个世纪的城隍公祭等活动,自此废止,城隍主神、城隍娘娘、瘟神、痘神、二十四司及其他神像不见踪影。但处于城市中心繁华处的郡庙依旧人头攒动,"娱神"之风未减,久而久之,小商贩聚集,郡庙逐渐成为各种曲艺的荟萃之地。

郡庙曲艺独得风气之先。旧时,逢清明、七月半等传统庙会活动,不论刮风下雨,满口宁波方言的各种曲艺、传统剧目纷纭呈现:四明南词《双珠凤》、评话《水浒》、走书《白鹤图》、蛟川走书《杨家将》、唱新闻《三县并审》,还有卖梨膏糖的小热昏,讲"善书"的葛慈生。彼时,宁波城隍庙好比是北京的天桥剧场,各路曲艺在老庙内轮番登台。

民国时,郡庙西边有座听雨楼,大大小小的串客班常光顾于此,表演滩簧小戏,汇集了不少名家名段。唱腔委婉流畅的金玉兰经常在此演唱《借披风》等小戏。1945年,滩簧"四大名旦"之一的金翠玉自沪返甬探亲,欣闻听雨楼有滩簧表演,特意观看金玉兰的《秋香送茶》后,欣然收其为

20世纪60年代,励成龙、陈祥源、陈雪芸在城隍庙演出四明南词

四明南词表演

义女。金玉兰的故事,只是听雨楼众多奇闻逸事中的一桩。

新中国成立后,人民政府推行"公私合营"政策,宁波工商界也加强了对中小私营业的社会主义改造。听雨楼随即消失,城隍庙原来的前东西厢房被拆除,翻新成仿古建筑,一座规模为250座的郡庙书剧场诞生,

20 世纪 70 年代的县学街民乐剧场门口

是表演南词、走书、评话的新场地,它算是民乐剧场的前身。

宁波解放初期,大大小小的串客销声匿迹,宁波滩簧易名"甬剧"。早先的大量西装旗袍时装戏,也已不适应市民的思想情操和审美趣味。1949 年在郡庙上演甬剧《白毛女》时,一票难求,曾引起不小的轰动。1950 年 5 月,由上海返甬的贺显民、徐凤仙、金玉兰与在甬的王文斌、沈桂椿等人组成"凤仙甬剧团",在郡庙书剧场演出现代戏。先后上演《多情的少年》《啼笑皆非》《罪》《雷雨》等新戏,金玉兰扮演的"繁漪",气质华贵,给人留下深刻印象,剧场内"彩声满堂,掌声如雷,场场客满,日日轧足"。

1952 年底,一块"宁波甬剧团"的木牌挂在郡庙大门口,宁波甬剧团在此成立。徐凤仙、孙荣芳、徐秋霞、金玉兰、黄再生、余盛春、汪莉珍,这些老戏迷们耳熟能详的名字,时常出现在郡庙。金玉兰和黄再生主演的《小二黑结婚》在当时极受欢迎,二人一时成为年轻人心中的偶像。

据甬剧老票们的回忆,1953 年宁波甬剧团在城隍庙上演《田螺姑娘》,由于布景机关新奇,灯光舞台美轮美奂,一度在宁波城里引起轰动,观众反响热烈,一票难求,当时买票的队伍从城隍庙排到了药行街,长达百余米,剧团临时决定加演三天。城西的高桥人,从后塘河撑船而来,城东的

郡庙曲艺风气先

马联飞 绘

邱隘人,背着铺盖半夜排队买票。广大市民对甬剧的关注热度空前,城隍庙成了当时宁波的文化地标。

不仅甬剧在城隍庙大放光彩,与此同时,宁波评话、走书也在郡庙红旗书场扎稳脚跟。其时,宁波评话"张氏三代"的《水浒》誉满全城,张少策先生继承家业,刻苦好学,深入研究评话艺术,说、噱、评功力精进,人称"活武松",在郡庙拥有众多书迷。他讲的《敌后武工队》《铁道游击队》《山东马永贞》也吸引了很多青少年。

众多郡庙说书、走书人中,涌现了许斌章、朱桂英等大家。许斌章为许多老宁波人所熟悉,他在郡庙演唱时自带月琴,边弹边唱,将走书中的"老三步""老三门"艺术,在传统书目《白鹤图》中发挥得淋漓尽致。1958年进京会演《朱德能造防护罩》,还得到周恩来总理的接见。朱桂英的《双珠球》也在郡庙中占有一席之地。她在表演上富有创新精神,演唱了一批具有鲜明时代特征的新编书目,如《啼笑因缘》《三斗六老虎》《冷酷的心》等。1958年,朱桂英与许斌章在郡庙双档首演《四明红霞——李敏》,令人耳目一新,好评如潮。

但是好景不长,随之而来的十年"文化大革命",给郡庙带来一场劫难,也给宁波地方曲艺一次沉重的打击。郡庙的戏台和书场,失去了往日人头攒动和欢声笑语的场景,红旗书场曾一度被社办工厂进驻。四明南词等曲艺被视为"封资修"的黑货,在劫难逃。曾经在郡庙百花齐放的各种曲艺随之凋零,曲艺社团解散,人员遣散,陈莲卿等老艺人还被诬为"牛鬼蛇神"遭批斗,地方曲艺与郡庙命运叵测。

所幸的是,粉碎"四人帮"后,郡庙的文艺活动率先从禁锢中破土而出。民乐剧场重新整修开业,随之而来的各种地方曲艺如枯木逢春,重发新枝。

爱好宁波曲艺的老观众们不会忘记,在20世纪80年代初,民乐剧场就是他们的假日剧场。坐下后,泡上一杯茶,嗑嗑瓜子,听听《美丽的心灵》《带血的鲜花》《前进三号》《保密局的枪声》等新编走书,享受一段美好的午后时光,傍晚散场后,坐在城隍庙的长条凳上,吃一碗牛肉细粉汤,然

郡庙戏台前观众人山人海

后拍拍肚子回家,做人是何等惬意!

进入21世纪后,电视、电影及互联网对传统曲艺带来很大的冲击,关注和喜欢宁波传统曲艺的年轻人越来越少,传统曲艺明显跟不上时代的步伐,日渐式微。这直接导致曲艺观众的流失,大大小小的书场在宁波城中消失。但郡庙的民乐剧场依旧是坚守宁波曲艺的重要阵地,目前是市区唯一一家综合曲艺演出场所,它"旧瓶装新酒",艰难地保护着地方曲艺的传承和发展。

如今,随着各地非物质文化遗产保护的热潮迭起,四明南词、宁波走书、评话、蛟川走书、小锣书又在郡庙频频亮相,张少策、陈祥源、沈健丽、乐静、胡新昌等传承人相继登台⋯⋯2014年9月,宁波评话泰斗张少策收徒仪式在郡庙民乐剧场举行,知名电视主持人阿伟拜87岁高龄的张少策为师,做了老先生的关门弟子,也被坊间传为一段佳话。

改革开放后的城隍庙

文商共荣谱新曲

新中国成立后,城隍庙的香火一年不如一年,再也没有城隍出巡、城隍庙会等活动,但它仍旧是市中心的黄金商圈,大门口的小吃整日热气腾腾,吸引着人们前去品尝。当时宁波工商界的社会主义改造工作已经宣告完成,1958年,城隍庙的大殿内摆起了一排排的炉灶,甬城各大饭店首次在城隍庙集会,联合举办了史无前例、盛况空前的"首届宁波市名点名菜展销会",评出了宁波"十大名菜"和"十大传统小吃"。城隍庙成就了宁波餐饮史上的首次盛会,当时空前绝后的情景,让许多宁波人毕生难忘,印象深刻。城隍庙一夜之间成了宁波的美食城,这种草根的美食情怀,一直影响着一代又一代的宁波人。

"文革"十年,百业萧条,郡庙大门也终日紧闭,铅华落尽,一派苍凉。

1978年后,郡庙犹如一株春笋,率先从文艺禁锢中破土而出。1978年后,随着民乐剧场重装开业,文艺率先在郡庙复兴。而随之而来的商业之兴即出乎人们的意料。谁也不曾料到,城隍庙在经历600年的风雨之后,走进了一个新的发展天地,它顺应了改革开放浪潮的巨变,开始奏响

昔日城隍庙演出时的盛况

了一曲古今交融、文商并兴的交响乐章。

1983年,一个日本民间代表团访问宁波时向市政府建言,他们认为城隍庙是宁波优秀古建筑和宝贵遗产,其现状让人痛惜,建议保护文物。时任市长耿典华对此建议十分重视,经过调研后,在市长办公会议上作出修复保护城隍庙的决定。几种保护方案由于资金问题相继宣告失败。当时镇明区政府劳动科下属的劳动服务公司,最终获得了郡庙的修复、使用和长期租赁权。镇明区劳动服务公司白手起家,开启了艰难的修复工程,最终历时一年,老庙因商而再次重生。城隍庙找到了自己的价值,在衰微中复活,迎来了城隍庙商场的盛大开业,商缘促成了城隍庙的涅槃。

1984年元旦开业的城隍庙商场,其最初的样子至今还留在不少宁波人的记忆中。走进大门,十面高逾两米的哈哈镜是一道特殊的风景线,只要在哈哈镜前一站,男女老少皆捧腹开怀。蜂拥而至的顾客带来了无限商机,开业不满一年,其经营业绩在同行中脱颖而出,成为甬城百货业的一支新生力量。许多"80后"或许还未忘记东偏殿里的游乐场,不仅有租书的小书摊、象棋和弹子棋,还有一台大型的"武松打虎"拉力机,这是当时国内较为罕见的电子游戏机,许多孩子塞上硬币,玩得不亦乐乎……每逢传统节假日,荒废多年的戏台上又响起了清新的越调,中天井又出现了人头攒动、摩肩接踵的盛况。

1984年之后,经过镇明区劳动服务公司的艰苦创业,商场除了传统百货的经营门类,还有了金铺、小吃店、酒楼、照相馆、游艺场来帮衬,城隍庙成了当时省内最大的综合性商场。以至1986年,宁波城隍庙携手上海老城隍庙,发起组织了全国庙宇商业联合会,邀请苏州玄妙观、南京夫子庙、合肥城隍庙、西安城隍庙等全国著名庙宇商企汇聚宁波城隍庙,召开成立大会。这一盛事,一时传为国内商界的佳话。郡庙再次成为宁波商业界一支强大的新生力量,成为三江口商业圈之外的另一大商业中心。

进入20世纪90年代后,邓小平同志南方讲话推动经济改革与社会进步。到1994年底,作为宁波市政府八件实事之一的城隍庙新商城开业,城隍庙看起来更像是一座繁华的大市场。1995年修建的"国泰步行街",

城隍庙月门

在当时可谓出尽风头。在这条修旧如旧的商业街上，店铺林立，商贩云集，终日熙熙攘攘。紧跟其后，1997年，城隍庙美食城建成开业；1999年，建筑面积近3万平方米的城隍庙商业步行街顺利建成开业。城隍庙又相继举办了规模空前的宁波地方商品展销会、美食节等商业盛会。

一个融购物、娱乐、旅游、美食于一体的多功能商业中心，正式问世于甬城，老庙的黄金、小百货和小吃的巨大亲和力，承载着许多宁波人的美好回忆。

进入 21 世纪，城隍庙商城作为商业传统业态，受到网购等新兴消费模式的冲击，终于于 2015 年 8 月闭门改造。整体改造后将更名为"明州 1371 城隍商城"，将继续融入明清建筑、人文、风俗、戏曲等传统元素，成为以城隍文化为主线，集文化、旅游、休闲、消费于一体的大型商业中心。

从商贩辐辏的郡庙前街到国泰街，历经 600 多年的风雨之后，庙宇文化、城隍文化、商业文化在此交相呼应。郡庙不老，古今合璧，城隍庙以其无可取代的文化优势与商业结合，在这片土地上重放光彩，文商并荣，再现辉煌。

【二】渐行渐远的城隍信仰

夙著灵异城隍神

千余年前,戴圣辑录《礼记》一部。其中有记载,周天子祭祀八蜡神,第七种神就是"水庸"。水,为护城的壕沟,称为隍;庸,即城池。"水庸"译成现代汉语就是"沟渠神",专职守护城池。古代周天子祭祀时,因无固定庙宇,常命人在城外隆起一座土堆祭祀,故"城隍"自"水庸"而来。

东汉许慎《说文解字》载:"城,以盛民也;隍,城池也。有水曰池,无水曰隍。"他详述"城隍"一词,古义是土夯石砌的围墙和环城而凿的沟壕,用以防卫而修筑的工程或护城河。大儒班固曾云"修宫室,浚城隍"。从西周至东汉,从周天子祭拜的沟渠神,逐渐演变为水庸神,城隍进而成为一座城市的守护神。

东汉末年,九州群雄并起,民不聊生,道教趁势而生。道教把"水庸神"纳入道教仙班,宣称他能应人所请,旱时降雨,涝时放晴,保谷丰民,更有"剪恶除凶,护国保邦"之力。实际上,当时的城隍只是一个抽象的神,并无具体的姓名。以城隍为神名,文献始见于《北齐书》之《慕容俨传》,称慕容俨守城,"城中先有神祠一所,俗号城隍神,公私每有祈祷"。这可能是其最早的记载。

城隍人格化,大概自五代十国始。后唐末帝李从珂曾封城隍为王爵,这是史实。至两宋,城隍普遍人格化,多奉离世后的英雄或良臣为城隍神。元朝文宗以后还追封城隍夫人。明太祖朱元璋出身平民,为巩固新政权,特别提倡城隍崇拜。他于洪武二年(1369)下旨封京都城隍为灵王,封各府、州、县的城隍为威灵公、灵佑侯、显佑伯,各地普建城隍庙,城隍信仰盛极一时。清代秉承明制,城隍神在全国普及。明清两朝府州县官员莅任,必先祭拜城隍神。

由于每座城市的历史背景不一,各地供奉的城隍神也不尽相同。譬如杭州供周新,为明代浙江按察使,"廉明刚直、锄强伸柱",乐为百姓申冤和办实事,生前因直言冲撞朱棣被杀,杭城百姓遂奉周新为上杭城隍。与宁波邻近的绍兴,则奉庞玉为城隍神。

城隍老爷纪信

宁波府城隍庙供奉何人？南宋赵与时撰有《宾退录》，书中汇集平日见闻及与宾客谈论的内容，宾退后笔录成篇，故名"宾退之录"。其中有记载："（城隍）神之姓名具者，镇江、庆元、宁国、太平、襄阳、兴元、复州、南安诸郡，华亭、芜湖两邑，皆谓纪信。"书中所指"庆元"，为宁波之旧称，始自南宋宁宗绍熙年间，元代一直沿用。

全国众多府郡信奉纪信，宁波城隍庙也供奉他。纪信者，何方神明也？历史上确有其人，乃刘邦身边的一个"二流"将军。纪信的一生，没有像张良、韩信那般出彩。史书上第一次露面，是在鸿门宴后协助夏侯婴，从间道保护逃亡的刘邦回灞上。第二次露面，是在荥阳城突围时，《史记·项羽本纪》记载，汉将纪信对汉王说："事已急矣，请为王诳楚为王，王可以间出。"为掩护刘邦，纪信假扮刘邦向项羽投降，被项羽活活烧死。

这一次替君赴死，大义凛然，彪炳史册。

刘邦建立汉朝后，想起纪信的功劳，下令追封他为"成纪城隍"，同时敕命可戴帝王冕，永不变动，永受人间香火。对纪信的信奉，遂在中原各地流传。

始建于后梁时期的宁波府城隍庙，以纪信为城隍神，想必是对传统的一种遵循。而这位城隍神确实也因其对城市和百姓的保佑，而得到甬城百姓的拥戴。据明朝黄润玉《宁波府城隍庙碑记》记载："神灵丕著，祷即应，感即通，岁或雨旸愆期，民必戚于神，而神休于民者多矣。"清《宁波府城隍庙重修碑记》也称赞他"宁郡城隍尊神，聪明正直，夙著灵异……"

"夙著灵异"，可能是宁波百姓对城隍神的贴切概括。至宋代，甬城百姓对纪信的崇拜更加普及，且被列入官方祭典，逢清明、七月半、十月朔，皆在城隍庙内按时举行祭祀大典。

城隍既有"钦命"，偶尔也会"民选"一回。元朝时，庆元路的地方官员在异族统治下，曾报元成宗，称民众拥南朝宋的开国皇帝刘裕为城隍，实则假托刘裕权威来对抗外族统治。考古发现，宁波老城内的筱墙巷，系刘裕当年为扼守三江口所筑的城基遗址。《晋书》记载，东晋末年，孙恩起义，守将刘裕为汉室后裔，曾屯戍句章，很长一段时间保全句章百姓的太平。百姓"民选"刘裕为城隍，自有其道理。至明朝建立，明太祖朱元璋仍请纪信取而代之。

满人入主中原后，袭承明制，把城隍神作为幽冥之官、护境之神，尊崇有加，借以顺势控制百姓行为，巩固其封建统治。但在宁波，抗清英雄钱肃乐曾一度替代纪信，成为"夙著灵异"的城隍神。这一传说，源自《鲒埼亭集·钱忠介公降神记》，至今仍流传有城隍庙与华夏巷的故事。但钱公带有"反清复明"的忌讳，清政府官方不会认可，官方的城隍神仍当属纪信。

由此可见，"夙著灵异"的城隍神，不像其他神祇单纯出于臆造。他更加人格化和世俗化。各地城隍大多是历史上受民众尊敬的人物。从统治者角度看，城隍乃一方之神，可御灾捍患，可鉴察地方官员的行为，还可麻痹百姓,以此牧民;从民间角度看,无论哪个城隍神,皆是有崇高威望的英雄,他们抚绥百姓,兴利除弊,受人景仰。

  人非圣贤,孰能无过?"夙著灵异"的城隍神,时刻在冥冥中鉴察人们的言行,试问:我不崇拜他,还会崇拜谁呢?

督行法纪司官民

旧时,百姓参拜宁波府城隍庙,大多是"人云亦云",烧过几炷清香,向城隍磕过几个头后就告辞了。如今,庙里已不见城隍塑像,市民和游客参观、游玩一番后,对城隍神的前世今生仍茫然无头绪。

郑土有教授在《中国城隍信仰》一书中,将城隍神的出身原型分为六大类:地方官型、功臣型、正直者型、行善者型、神能者型、善鬼者型。而忠义廉明的官员死后转任城隍,这是城隍"选任"中最常见的形式。无论是官员死后转任,还是平民死后"出仕",都特别强调他们的德望、功绩、能力,要求他们品德高尚、爱民恤民、公正无私。

刘邦得天下后,纪信成了功高盖世的"兴汉之人",受人敬仰。纪信死后,经历神格化处理,逐渐变成主宰百姓内心与精神世界的神灵。宁波的百姓也笃信他明察秋毫,对作恶者严惩不贷,认为他是冥界无所不能的公正法官。这种心理积淀,将城隍的神格功能进一步具体化,在广大甬城民众心中,产生普遍的心理暗示作用,某种程度上反映了古人朴素的正义观念。

纪信等城隍作为司民之神,具有极其强烈的爱憎。在宁波城隍庙大殿的金柱上曾有一副巨大的楹联:"悯贫拯危原人生本色,欺小媚高非吾辈行为。"一块高悬于大门的匾额,上面写着"你来了么",俯视着来来往往的百姓。高悬的忠告,散发出和善、朴素的教导意蕴,显示了亲切的劝善意旨。纪信等城隍神,对于辖下的百姓,他们充满仁爱,对境内的奸恶,他们又极尽威慑之能力。这是百姓对城隍爷的官格产生敬佩的原因之一。

纪信等城隍爷督行法纪,具备官员无私无畏、清正廉明、明察秋毫的品质,迎合了百姓的内心需求。俗世的包青天、海瑞之类的清官,百年难遇。人世间难遇清官廉吏,但当人们踏入城隍庙时,却能感受到城隍爷的廉洁和公正,所以百姓相信:不论男女老幼,尊卑贵贱,贤与不肖,城隍爷都一视同仁,平等对待。任何人都不能逃到城隍威严法力之外,即使是达官显贵,若为非作歹鱼肉百姓,城隍神也必定重惩,不在阴间作庇护。世间常有不平之事,常有欺压百姓之人,世俗司法常无能为力,任其逍遥法外,于是百姓企盼让阴间城隍来收拾他们,以表达追求公平正义的愿望。

城隍神不仅担负着地方保护神的角色,还参与着古代廉政文化的建设。历代百姓和文人,都以自己对人间官员的期盼来塑造城隍的神格,城隍爷渐渐成了人间官员效仿的楷模。早在宋代,凡新任地方官走马上任,必先拜谒城隍,标示自己将以城隍为榜样,许诺公正廉明、造福一方,所谓"视印之日,必先期斋宿牲祭以与神誓"。明太祖朱元璋对城隍尤其推崇,曾说:"朕设京师城隍,俾统各府州县之神,以鉴察民之善恶而福祸之,俾幽明举,不能幸免。"他册封京师、府、州、县四级城隍,各级城隍神还有不同爵位和服饰,规定各地最高官员需定期主祭。顷刻间,城隍庙成为君主对官员廉政教育的重要场所。

城隍的神格功能,从巡视阴阳两界,逐渐扩大到主管亡灵、奖善罚恶、主导生死祸福等。几乎城内所有人、事、物,都由城隍神一手掌管。百姓遇到阳间无法解决的难题时,城隍便成了其求助的对象。旧时的宁波民间,百姓若有不平之事想要申冤,都会逢城隍出巡之日,早早地写好状子,跪在城隍爷像前焚烧,祈求城隍爷伸张正义。

明清以来,志怪小说塑造的城隍的文学形象,也为其神格功能扩大推波助澜。蒲松龄《聊斋志异》的开篇,就是《考城隍》。他以一支妙笔,将城隍神的选任,通过公开招考的方式戏谑了一番。清人袁枚《子不语》、纪晓岚《阅微草堂笔记》中,也有许多城隍的故事,往往是一些"法不阿贵""王子犯法与庶民同罪"的传奇。

城隍,原本只是保护百姓身家性命的城墙的象征,随着时代的改变和各种宗教信仰的陆续兴起、融合,百姓对他的期待与日俱增,城隍的神格和职权范围有了大幅度的调整和扩容。偌大的宁波城中,曾经大小庙宇林立,百年风雨过后,唯城隍庙兴废不替。

八位袝神莫相忘

城隍庙大殿里除了主神纪信之外，曾有八位袝神，这些袝神是附于纪信合祭的。这八位袝神出现于1948年大修城隍庙时，当时不仅修葺了城隍主神泥塑，还专门立了八位袝神相陪。

不少上了年纪的老宁波人还依稀记得，在20世纪50年代初还能见到这八位袝神。郡庙的大殿庄严肃穆，八位袝神分列两旁，朝服飘举，盈盈若舞，每个塑像近两米高，神威熠熠，一副善政亲民的形象。

八位袝神分别是韩察、应彪、王元暐、黄晟、沈承业、王安石、张琪、钱肃乐。每尊神像旁的墙上嵌有一块黑色石碑，记录各袝神之功德昭著，以及对不同历史阶段宁波城市发展的贡献。八位袝神与宁波的命运密切相关，有关他们的故事，是一轴活色生香的宁波地方史卷。

第一位袝神是韩察，身着大唐朝服，目光炯炯有神。唐长庆元年（821），明州刺史韩察将州治从小溪（今鄞江镇）迁至三江口，是宁波建城之始。木栅为城，子城初现，现存的鼓楼是宁波历史上正式置州立城的标志。刺史韩察功不可没，当居首位。

第二位袝神是应彪（一说是殷彪），《延祐四明志》记载，早在唐长庆三年（823），明州刺史应彪，鉴于商旅涉江之难，在当时的东渡门外与奉化江口之间，连舟16艘，建造起宁波历史上第一道跨江浮桥，史称"东津浮桥"。后移置今灵桥附近，后人曾赞曰："东津桥板跨江浮，一字平盛十六舟。千载人驱车马过，可知遗泽是应彪。"他拓城造桥，济渡行人，造福甬城，理当称颂。

第三位袝神是王元暐，山东琅琊人氏，来浙东做了鄞县县令。鄞西四明山区群峰叠嶂，每每春秋之时，暴雨如注，奔腾而泻，危及下游生灵和农作。而城内又常有缺水之患。王元暐于唐太和七年（833）建它山堰，引四明之水经南塘河流入城内日、月二湖，使农田得以灌溉，又确保城内用水之需，利及千秋后代。

第四位袝神是黄晟，曾自封明州刺史18年，不少老宁波人，幼时都听过"黄晟三江口斩蛟"的传说。如今的端午节，民间用菖蒲艾草扎成宝剑挂在门口辟邪,此俗据说就源于他的传说。而他最大的壮举,是于唐乾宁五年(898)率乡兵筑十八里明州罗城后,使宁波成了真正的"城市",从而可以"绝外寇窥觊之患,保一州生聚之安",为明州扩城始祖,功垂不朽,理应敬拜。

第五位衬神是沈承业,为五代十国时期"明州望海军"的刺史,《宝庆四明志·叙郡》中记载:"城隍庙在子城西南五十步,梁贞明二年,刺史沈承业建……""城隍祠"最初建在"子城西南五十步",若以《宝庆四明志·郡图》考之,位置大约在今府桥街与呼童街交叉口,就是当年"子城"之心脏。他是最早立城隍建庙的地方官,为甬城百姓所称道。

第六位衬神是大名鼎鼎的"拗相公"王安石,被列宁称为"中国11世纪最伟大的改革家"。这位改革家的第一块"试验田"就选择了鄞县。王安石于宋庆历七至九年(1047—1049)在鄞县修水利、办教育、体恤民生,大兴改革,成效显著,为日后革新变法积累了宝贵的经验。王安石才华横溢,名列"唐宋八大家"之一,曾创办鄞县县学,泽被后世,对宁波文化有着不可估量的影响。在其之后,甬城诞生了近3000名进士和12名状元,属全国罕见。

第七位衬神是张琪,明初之明州太守。明洪武四年(1371)正月初春,后梁沈承业建于子城西南的城隍庙历经455年的风雨沧桑,为一场大火所毁。郡守张琪选址握兰坊故元帝师殿重建城隍庙,奉祀城隍神。张琪是郡庙发展史上的著名功臣,和沈承业一样值得后人缅怀。

最后一位衬神是"大明孤臣"钱肃乐。清顺治二年(1645),钱肃乐在城隍庙与甬城董志宁、王家勤、张梦锡、华夏、陆宇燝、毛聚奎(史称"六狂生")率众起义,反清复明,作为抗清英雄,悲壮英勇,赴殉国难而声震甬城,名垂青史。传说钱公曾于康熙六年(1667)被推为宁波府城隍主神。官方并未认可,位列城隍八大衬神,也在情理之中。

有了八位衬神的相聚,郡庙大殿好比一座袖珍的博物馆,其历史价值在全国同级城隍庙中首屈一指。可惜在1964年,甬城大街小巷再次掀起破除迷信的群众性运动,八位衬神未能逃过此劫,一夜之间倾倒,并永久消失。如今的宁波人,亲眼见过这八位衬神塑像的已寥寥无几,也鲜有人知晓八位衬神的生平与功德。

酬神自娱抬城隍

甬城民间有句旧俚,谓"抬城隍",意思是乱起哄,带有虚张声势、夸大其词的意味。这句宁波老话典出宁波府城隍庙,与声势浩大的城隍庙会有直接关联。

旧时,氏族之间共奉一神祇作为保护神,建立祀庙,费用由各族公摊,聚落中的居民就成为庙籍人口,俗称"庙下"或"庙脚"。人死后,亲友可从庙籍中为他领到"关牒",取得通往阴间的通行证,从而使其灵魂得以归宿。

"抬城隍"是甬城百姓的称法,官方称为"城隍出巡"。据载:明洪武十四年(1381),朱元璋下诏废泥塑像,统一设置木主,供奉纪信,将城隍的祭祀列入国家祀典,下令各地设郡厉坛,将每年的清明、中元、十月朔日定为"法定"祭期,以超度亡魂。

庙内的公祭仪式告一段落后,接下来,木雕的城隍菩萨就被请出大殿,端坐于华丽的八抬大轿之中,进行"城隍出巡",场面壮观,热闹非凡。城隍巡行甬城之前,首要工作是净街,有专门人员手持木桶,沿街泼水,盖取吉利之意。

净街之后,出现开道队伍,有专人司职鸣锣,开道锣后有四个手持清道旗的旗手相随。四名旗手挥舞手中的清道旗,意在让行人避让。清道旗后尾随着几个头戴红椒帽、身穿黑衣的皂隶,他们手持红油棍,替城隍老爷开道。这开道队伍中,最引人注目的还是"千斤担"和"黑白无常"。

"千斤担"由甬城中的"大块头"扮演。这名大力士肩挑一副沉重的担子,手持一把锡酒壶,东歪西倒,佯装醉汉状,边喝酒边挑担子,一路跌跌撞撞。路旁的人看到他这副架势,都远远地躲着他。"黑无常"是阴曹地府中的角色,装扮者身穿一身连体肥大的黑袍子,斗笠状的黑帽子罩住整个头,脸上抹黑,眼圈涂成血色,形象极为吓人。他手里拖着长长的锁链,横冲直撞。"白无常"面目狰狞,比"黑无常"更加恐怖,因为高瘦,由壮汉扛着傀儡装扮而成,口吐长舌,脖子周围挂一圈和尚饼,白衣长袖随

酬神自娱抬城隍

马联飞／绘

风飘荡。小孩子远远看到他们,都蒙上眼睛,或躲到大人身后。

在城隍巡游队伍中,由若干人装扮成阴曹地府中的角色,除了开道的"黑白无常",有满脸胡须手执铁笔的判官、牛头马面的冥司鬼卒,还有披枷带锁的"罪人"。据传,装扮"罪人"者,系身有疾恙,通过角色扮演可以"赎罪",来消灾免厄。在"白无常"身后,还跟着一群"小白无常",实则是一群小孩子。老宁波人认为,如果孩子从小体弱多病,难以养大,拜城隍庙里的"白无常"为"阿爸",可以庇护孩子健康成长。"无常阿爸"后面拖着一群"小白无常",也是一道独特的风景,叫人忍俊不禁。神轿过处,还愿的群众尾随其后,常有人身穿红色死犯囚衣、戴小木枷锁扮成囚犯,以示请罪。

旗锣开道,鼓乐随后。开道过后,才是威武的仪仗队伍,迎面而来的是八面"回避""肃静"执事牌,仪仗中有金瓜、钺斧、朝天蹬、令箭、鬼头刀等物件。旗队中除了巨大的四方令旗之外,还包含民间会社的会旗,大大小小,迎风飘扬。旗队之后有两个五色缎相间制成的绛引幡和日月掌扇。其后有个直径一米多长的黄罗伞,伞布描龙绣凤,垂檐达三层,伞后就是城隍爷的八抬大轿,轿后是骑驾马队,前后左右护驾护卫十多人,"兵""勇"沿路喝道,气势威武。

抬城隍,往往轰动整个宁波城,仿佛全城人都是庙脚。那一天,全城人穿新衣或着干净衣裳,各处净街,采办糕饼和时令水果,准备香茗。沿街人山人海,争相观看城隍爷,甚至上树坐瓦挤轧不下,吆喝助阵声浪四起。人们抬着城隍爷从县学街出发,过鼓楼、东门、灵桥门、药行街绕城一周,沿途百姓焚香接迎,大户门前设香案,桌上红烛高香,供品缤纷,献主跪拜再而三,祈求阖家平安。商市街巷遍搭布幔,悬灯结彩,上供"三牲",互比高低。城隍抬过之处,燃放爆竹火铳,鼓乐一路敲打吹奏,伴有抬阁、舞龙、跑马灯等表演,所到之处,热闹非凡。

在宁波百姓眼里,城隍菩萨虽为泥塑木雕,却贵为神祇,朝服乌纱,正襟危坐,在阴间操生杀予夺之权,亦不敢冒犯,不敢亵渎,怕其怪罪全家,抬城隍期间不敢乱起哄,瞎胡闹。民间信奉抬城隍菩萨可以延年益寿、消灾纳福,即便轮不上,也甘心当作城隍菩萨的庙脚,跟着队伍走上一段路,边走边在心中默默怀念。

抬城隍活动,是一场声势浩大的巡受爵献,更是一场热闹非凡的群众会演。那木雕城隍、八抬大轿、旗幡、执事牌、"万民伞"、香案、鼓亭、纱船、马灯、爆竹、红烛、大香炉都是鲜活的印记……抬城隍结束后,各商市行会雇戏班,安排酬神大戏三天三夜,城隍爷受五牲福施,日夜香火不熄。抬城隍,既是一种信仰活动,也是百姓的自娱活动。

这是一种除却敬神以外,融崇拜、娱乐、交易于一体,以娱神为辅、自娱为主的民间吉庆活动。

坐夜习俗久未衰

明正统三年（1438），宁波府有位叫郑珞的地方官，组织民众大修城隍庙，修葺后的郡庙焕然一新。当时正值城隍信仰的升华阶段，由于朱元璋的推崇，城隍信仰如日中天。除了官方的"公祭"之外，庙内还有百姓自发组织的"民祭"活动，其中除夕坐夜就是其中之一。此习俗一直流行至新中国成立初期，尤以明清为盛。

旧时，城隍祭祀常年不绝。说起城隍庙的坐夜活动，如今大概只有八九十岁的老宁波人才知道这回事。善男信女烧香叩拜后要在庙中坐上一夜，俗称坐夜。坐夜的习俗源于道教的"守庚申"。道教认为庚申夜，人熟睡后，"三尸神"会向天庭汇报宿主的罪恶与缺点，且往往会夸大其词，盼宿主早死，而后"三尸神"可以享受祭品。"守庚申"那晚，人们不合眼睡觉，"三尸神"便无法抵达天庭。如是数次，便可灭"三尸"，达到延寿的目的。后来佛教兴盛，坐夜往往在农历初一或十五，不再是庚申日，如今宁波北仑灵峰寺依然保留"守庚申"的习俗。不少住在城隍庙附近、上了年纪的宁波老太们，从小受庙内香火的熏染，对城隍庙坐夜的那些事记忆深刻，不少人能将"坐夜"的习俗说得头头是道。

如果城隍庙会是官方的"公祭"，祈求风调雨顺、五谷丰登、国泰民安，那么坐夜当属"民祭"，更多地是以家庭为单位进行许愿、祈祷，祈求家人平安，阖家幸福。1928年，罗惠侨任市长期间，拖倒了泥菩萨，意在提倡文明，破除封建迷信活动。几年之后，非但封建迷信没有破除，坐夜之风更加流行。据上了年纪的宁波人回忆，他们在孩童时代就随家里老人去城隍庙里坐夜，其时县学街上热闹非凡，各路香客，人流如潮，云集郡庙。人流中尤以四乡八镇的老妪居多，她们早早提着香篮和蜡烛去庙中抢占位置，时常有大人小孩被拥挤踩踏，哭声、笑声、骂声交织在一起……

庙内红烛闪闪，香火袅袅，烟气扑鼻，火焰蹿天。木鱼声、诵经声混杂在一起，响彻耳边。来得迟的人，只能坐在殿外吹西北风。来的都是上了年纪的老妪，背着朝香袋，秉香烛，聚坐庙堂，紧挨在一起，千余人坐了黑压

坐夜习俗久未衰

马联飞／绘

压一地，皆不惧寒风凛冽。小孩贪恋游戏，上蹿下跳，常常招骂。但见到殿内殿外到处是人，一会儿就没了新鲜感，玩累了就被大人接回家睡觉。

城隍庙中坐夜的老妪，可谓一家的全权代表，有的甚至彻夜念经，焚香不断，以示全家人的虔诚之心。这些老婆婆平常省吃俭用，吃吃泡饭、穿穿粗衣过日子，唯坐夜这日，大家都郑重其事，沐浴后还难得打扮一番，梳成"飞机头"，穿上体面光鲜的衣裳，为讨一个新气象。香烛供品，都是拿平日里省下的钱买来最好的那档，来供奉城隍老爷。念经、聊天、烧香跪拜，反复许愿祈祷之后，并分"糕点"，至次日拂晓散去。

人间总有风波未平之事，坐夜时，来者虽各有所求，但多为婚姻、求子，间有问病卜运，也可以向城隍神告状，在神前焚烧文状祈祷，甚至可以在城隍像前哭诉，夜宿城隍庙以求城隍托梦，更有甚者，还大骂严重失职的城隍，如此等等。这一幕幕，每每在众人坐夜时，陆续上演。

通宵坐夜，容易使人疲倦。老底子，偶有大户人家赞助，坐夜当晚会有"宣卷班"出现。"宣卷班"专以宁波方言唱"四明宣卷"，是一种流行于宁波地区的讲唱文学。艺人们多演唱《如如宝卷》《刘香宝卷》等佛教因果故事，以解香客坐夜之倦。随着一句"如如宝卷初展开，诸佛菩萨降临来，在位齐心来恭听，去除八难永无灾……"传出，众人俯身向城隍菩萨磕头如捣蒜，天香焚烧，烟雾迷津，颇为壮观。

坐夜的另一个好处是，郡庙提供的场所，为老妪们带来一次交流的机会。她们席地谈笑风生，怀情叙旧，祥和欢乐，同一信仰的人可以交流心得体会，同时又可"吐槽"生活的艰辛不易。坊间的种种家长里短和鸡毛蒜皮，成为人们经久不衰的热衷话题。张家的老婆婆，数落媳妇不孝，李家的媳妇则声讨公婆刻薄。如此风言风语，可以翻来覆去地讲上一个晚上，不带重复。偶尔有几个"长舌妇"说漏嘴，传到当事人耳朵里，难免会掀起一场不小的家庭风波。

随着东方既白，殿中乐器声、木鱼声、诵经声又开始混杂，响彻耳边，众人焚烧一捆"太平经""土地经"后，才宣告坐夜进入尾声。通过坐夜，人们既表达了对城隍信仰的虔诚，又获得了心灵交流的愉悦，这便是其在民间长盛不衰的原因。

新时期城隍庙商城内的财神像

正月初五迎财神

农历正月初五,自凌晨开始,轰隆隆的鞭炮声此起彼伏,一直持续到黎明,几乎响彻甬城的大街小巷。不消说,时辰必定是宁波传统的"财神日",百姓打开大门和窗户,燃香放爆竹,点烟花,迎接财神……

城隍、财神历来是民间信仰的一个重要组成部分,尤其是宁波通商开埠后,宁波商帮崛起,商缘氤氲甬城。在正月初五"财神日",祈求国泰民安、安居乐业、财源广进,可谓民间百姓的普遍愿望。

除了在自家放爆竹,不少虔诚的百姓必到寺庙请香,赶凌晨去烧"头炷香"。通过烧香祈福,辞旧迎新,送走旧日贫穷困苦,憧憬着新一年的美好生活,希望在来年交得好运。

甬城百姓对财神的由来,从不细究。民间主张佛道同源、佛道本一家,

广受香火的城隍老爷纪信

在许多百姓眼里,"财神爷"就是"财神菩萨"。旧时,老城厢里的七塔寺、观宗寺、宝庆寺内接财神的香客络绎不绝。但属城隍庙内迎财神的信众最多。因为城隍、财神、二十四司、四值功曹本渊源于道家,宁波府城隍庙也是集中之地。

农历正月初五,俗称"破五"利市,甬城迎财神之俗盛行于明清和民国时期,不少商家崇信"抢路头""送穷""开市"的说法。为争一个好彩头,很多商家习惯在正月初四夜就备好贡品、香烛等物,并焚香礼拜,虔诚迎接财神的到来,至今流传不息。

说到接财神的贡品,宁波人对猪头是情有独钟的。旧时,迎财神时必须要在桌上供奉一个猪头。久而久之,擅长做生意的宁波人将猪头肉称为"利市肉",有"开门利市,大吉大利"的讨口彩之意。同样,一副猪舌不叫"舌头","舌"同"蚀",听起来不吉利,生意人改称"赚头"。这些都与农历正月初五迎财神有很大的关联。

辛亥革命后,民国政府在历法上"破旧立新",行用西历,冲击了许多以农历为载体的传统节日,而正月初五城隍庙迎财神的风俗在民间根深蒂固。"财神出巡"在宁波地方志中始终未见记载,但正月庙中演戏时,必上演一段"跳神戏",戏台上的"财神"手捧大元宝向观众祝福。上了年纪的老宁波人依稀记得,城隍庙殿中有座财神像,黑脸虬须,手持钢鞭,极其威武,并非如今抱着大元宝的财神模样。据笔者推测,当时城隍庙内塑的财神塑像,大概是赵公明金身神像,坐显轿,执事咸备。

九十高龄的施老先生清晰地记得,当年随家人去城隍庙接财神时,是一个冬雨绵绵之夜,城隍庙后殿外水澹生烟,坛内信众排队秉烛燃香。庙内虽无道长,却有分管庙祝。其中有个"洒法水"的程序,老先生依稀记得,庙祝一边忏念,一边步罡踏斗,递表文于神像前,请财神光临,并献茶、通疏、焚疏……庙祝向众人洒法水,涤尘埃,奉请财神降赴城隍庙。

众人丹心敬仰叩头,祈求祥云护绕城隍庙,有天花瑞彩露堂。当一滴滴法水洒向坛内,信徒纷纷摊开十指,承接法水,祈望财神护佑。据传接到法水之人,可以沾到财气,一年之内财运亨通发达,财源滚滚。所以不少信众虔诚跪地,伸手接水,希望沾到更多的财气。甚至还有人用雨伞、绸缎、黄纸来承接法水。除此之外,民间还崇信倘若"财神日"恰逢下雨天,那必定是个好兆头!所谓飒飒东风细雨,正如财富涓涓,自天而降。

而那些沾不到法水的人,索性将手伸到庙祝的长袍上摩挲一下,谓之"沾仙气"。沾上仙气后,同样遇事吉祥,福寿双全。城隍庙子时请财神的活动,虽没有安排财神出巡的仪式,但一直持续到凌晨两点钟左右,才宣告结束。最后每人接一幅财神像,将它带回挂在家中。而此时庙外挤满了众多"叫花子",手伸得长长的,向信众乞讨。

郡庙之外,又有殿宇。月湖西一座"财神殿"坐落于湖心柳汀,左邻关帝殿,西靠贺公祠,旧时香火鼎盛,商人团体,结会置产,常演戏酬神。新中国成立后,正月初五城隍庙接财神的风俗被当作封建迷信,很难公开显露。宁波城隍庙也挂上了一块"宁波甬剧团"的牌子,群众在一片戏曲赞歌中过年。至于迎财神、挂财神像、摆供、叩头以及见面时恭喜发财的画面,统统销声匿迹。偶尔正月初四凌晨到初五早上,会有个别百姓或店铺燃放爆竹的声音稀稀拉拉地响起,勾起人们迎财神的记忆。

如今,城隍庙已经变为一座商城,黑脸虬须、手持钢鞭的赵公明像,被手捧大元宝的新任财神取代。正月初五接财神的风俗渐渐恢复，但城隍庙已经不是接财神之处，百姓多前往天童、阿育王寺等寺院。这些年，身边的生意人多了起来，他们对财神的热情高涨，虔诚更加趋向"专业"，渐渐懂得"烧高香"与"烧卧香"之分。前三后四、神七鬼五不说，还随身携带卧香炉，只烧一根横着放的香，谓之"发横财"。即使不去寺院，大家小户香烟缭绕，灯烛辉煌，都好生伺候着，敬奉的方式多种多样，不拘一格，时辰一到，接连不断的鞭炮声一直响到黎明。

七月半里放焰口

中国人佛道不分。就像宁波府城隍庙里的城隍爷,道教将其纳入自己的神系,称城隍爷是剪除凶恶、保国护邦之神,并统领阴间的亡魂。但在宁波民间,很多人不称他为城隍爷,而称其为"城隍菩萨",百姓逢"坐夜"时,还在城隍爷面前颂佛经。佛道不分的现象,在旧时的宁波司空见惯,许多人既信佛又信道。刚拜完七塔寺的菩萨,又跑进城隍庙。逢红白喜事,和尚道士一并请来,八仙过海,各显神通。

譬如七月半与放焰口,明明源自佛经中"目犍连救母"的故事,似乎与城隍老爷不沾边。可农历七月半这一天,城隍老爷同样要来凑凑热闹,往往坐着八抬大轿"出巡"各方,成为一年中最隆重的庙会。这就是中国传统文化的可爱之处,仿佛是一个大熔炉,兼收并蓄。

宁波民间百姓也信奉佛道本一家,信佛、修佛了生死,学道、修道可成仙,两者并不矛盾。从城隍菩萨的称谓来看,城隍庙又像是佛教的领地。其实早在唐代,中国已实现了儒、佛、道的合一。民间传播的佛教和道教,针对唯心哲学的探讨不多,那些因缘轮回、冥冥中自有神灵主宰的观念和信仰,更是深植人心。

佛经中有本《盂兰盆经》,佛教把农历七月十五叫作"盂兰盆节",而道教则称其为"中元节"。南北朝佛教渐盛,"目犍连救母"的故事在民间广为流传,最后演变为盂兰盆节。道教有"三官三元"之说,将农历正月十五、七月十五、十月十五定为上中下三元,分别为天、地、水三官的诞辰,演化为天官赐福、地官赦罪、水官解厄的三元节。如此这般,七月半成了僧、道、俗三家的共同节日。而宁波的百姓,管不了那么多,统称其为"七月半"。

"盂兰"为梵语,意思是救倒悬,解救亡祖倒悬之苦。传说佛陀大弟子目犍连的母亲生前爱财如命、为人吝啬、口出恶言,下了地狱后成了饿鬼,腹大如鼓,喉窄如针眼,常受饥饿之苦。她托梦给目犍连,诉说喉管变细,不能进食,整天挨饿。目犍连醒来后无法可施,遂向佛求助。佛陀开示七月十五日,用百味果品,供养十方僧众,诵经来放大其母亲的咽喉,以解救其母饱受饥饿之苦。这是七月半放焰口的由来。人们纷纷仿效目犍连,用放焰口这一法事来供奉祖先,使祖先不受饥饿之苦。

这个七月半,宁波人是当作大节来过的,已经是程式化了的群众活动。七月半放焰口在宁波民间最常见的形式,要数插地香和做羹饭的传统。七月初一放"开门焰口",中元放"七月半焰口",三十夜放"关门焰口"时,家家户户门口都遍插地香。星罗棋布、氤氲数炷的地香似乎给房前屋后设下了一道法力无边的防线,任何妖魔鬼怪都休想侵犯,可避时疫、安饿鬼。

宁波百姓也做"焰口羹饭",民间俗称助斋。做"焰口羹饭"是一年中的大事体,可保祖先不受饥饿之苦。越剧《何文秀》中有一出桑园访妻的戏,妻子以为何文秀已死,在七月半为其做羹饭:"三支清香炉中插,荤素菜肴桌上放。第一碗白鲞红炖天堂肉;第二碗油煎鱼儿扑鼻香;第三碗香蕈蘑菇炖豆腐;第四碗白菜香干炒千张;第五碗酱烧胡桃浓又浓……"尹派的经典唱段娓娓道出民间做羹饭的郑重情景。

七月为鬼祟之月,菜价比往常贵,烤麸与黄豆芽的价钿,往往水涨船高。除供素菜,人们还多用米粉糕团捏成猪牛羊鸡鸭鹅和元宝,并用彩纸扎成牛头马面黑白无常,沿街摆立。最后才烧锡箔,多的一堆烧给祖宗大人,少的一堆烧门外,抚恤孤魂亡灵之用。大户人家还要请来僧侣拜忏醮祭,做"盂兰盆会",唱唱"八剧头"。

七月半不仅佛祖忙,城隍老爷也很忙,因为他兼管阴间的亡魂,管理冥界事务是城隍神义不容辞的职责之一。七月半是宁波民间最重要的"鬼节",这一天,城隍老爷要巡遍甬城大街小巷去"访鬼",接受各类冤魂屈鬼的"申诉",查处以往冤假错案,以免冤魂屈鬼作祟闹事,危害人间。

在明清时期,七月半时城隍庙还有搭棚煮粥施舍、济困扶贫等赈灾活动。"祭灵"仪式完毕后,城隍老爷会被人们从庙中请出,前呼后拥地沿县学街和药行街一带巡游,队伍庞大,浩浩荡荡,绵延数里,声势壮观。所到之处,鸣锣开道压阵,民众夹道跪拜。

城隍爷归殿后，善男信女纷纷汇集至城隍庙，席地而坐，烧香念佛坐夜至天明。一年中犯有罪过之人，可以在殿中跪拜，反复忏念，不断检讨自己，以请求城隍老爷的宽恕和护佑。是夜，不少人还去城隍庙西南的月湖放河灯，百姓笃信放河灯能赎罪超度。那一夜，水灯随风漂浮在月湖湖面，万盏银光，煞为壮观，围者如堵。

说到底，这些繁冗的仪式和应接不暇的群众性活动，实际上都是为了保佑人们的太平和安康。

十月醮会祭孤忙

如今说起"打醮",很多人表示闻所未闻,更不曾目睹。"打醮"在曹雪芹笔下有浓厚的一笔。《红楼梦》第29回《享福人福深还祷福,痴情女情重愈斟情》详细描绘了荣国府"清虚观打醮"的情景:在清虚观打醮当天,荣国府人马合府倾出,可谓"车辆纷纷,人马簇簇",算是全书最声势浩大的一次集体出游。小说中对"打醮"的生动描写,不禁使人联想到宁波城隍十月朔的醮会。

旧时,遍布甬城街巷的道观也不少。始建于唐开元二十六年(738)的开元宫就建在县治旁,佑圣观曾与华美医院扯上关系,延庆寺旁的吕祖殿、大沙泥街口的都神殿,都曾广受香火。道观的打醮名目繁多,基本分为"清醮"和"幽醮"两大类。"清醮"一般用来祈求平安,如上至国家层面的"罗天大醮",由皇帝出面,遍祀群神,也有民间的"打平安醮"等。"幽醮"是祭祀亡灵鬼魂,城隍十月打醮属于此类,又称农历十月为孤魂野鬼送寒衣。

亲历过"打醮"场面的人,在宁波也为数不多。如今笃信佛教者众多,"打醮"者已寥寥无几。"打醮"便是道士求福禳灾的一种法事活动,以此来消灾免难,祈求上天诸神的赐福与庇佑。多年前,宁波城隍庙的"城隍十月醮"也曾盛行一时,这种祭祀仪式自明代起在宁波城区流行,尤以清代为盛,民国以后日渐式微。

旧时,十月醮曾是各地城隍神崇拜中的一大法定祭祀仪式,每年阴历十月初一,在宁波府城隍庙内照样也打十月醮。民国《鄞县通志·舆地志》载:"十月初一,府城隍庙设醮育经,朝迎神像抬至北门外厉坛,恤醮孤魂,祭毕回殿。"虽寥寥几笔,民间"十月朝会"却规模盛大,庙内夜以继日地设醮诵经,可谓"抬阁纱船锦绣车,街旁观众密如麻。北门盒子深更夜,五彩缤纷天雨花"。

恤醮孤魂,无疑是城隍十月醮的主题思想。在旧时的宁波,官家或民间慈善机构都有义冢埋地,即公共坟地,专门用于埋葬客死宁波、没有亲人前来收尸的外乡人,或无钱殡葬的穷苦人,或阵亡将士等。这些人死后,皆葬于简陋的义冢埋地，平时无人祭扫，十月醮就是善男信女公祭孤魂野鬼的日子，表达宁波民众的集体哀悼。

农历十月的浙东，晚稻进仓，冬天将至。城隍爷一方面要体现宅心仁厚，对众孤魂野鬼施以悯恤与关爱，慰灵安抚；另一方面要履职护佑民众，与众孤魂野鬼晓示威德，不得作祟扰民，保百姓一冬平安。

打城隍十月醮，除却上告穹苍、下祭幽灵，超度一切阵亡将士和各类无主孤魂等众，也有祈求神灵保佑、消灾驱魔和保佑地方风调雨顺的含义。同时，宁波官府开仓赈灾、救济贫民，上下协同，万众一心，驱瘟逐疫，祛灾降福，祈求国泰民安。

祭祈仪式复杂，视天数而定。一个完整的打醮活动，往往吸引数以千计的人来参加，醮舆之举、仗仪之威，多姿多彩，热闹非凡，是一项最能完整展现宁波城隍信仰风貌的信仰活动。

打城隍十月醮，范围之广，人员之众，事务之杂，章序之繁，极其考验地方的组织与协调能力。通过此举，朝廷也能察验地方官施政之政绩，从中略窥一二。打十月醮在民间算是一件大事，需要城内名流全力支持，惊动万千缘众是常有之事。庙内照壁之外竖三根十米长的旗杆，挂起七星灯，悬结幡盖，顶立白鹤。时辰一到，鸣炮奏乐，吹吹打打，城隍爷被抬出庙来。人们将木雕神像抬到北廓庙外的义冢埋地前，设供上香，焚烧纸钱。

夜半时分，人们提纸灯笼于此巡游，众道持诵"高上清净经"，开唱"救苦慈容宝赞"。高举魂幡，掐指捏诀，默念神咒，志心召请，济度十分空界、九玄七祖、六道四生孤魂等众，超拔生灵孤魂，解脱一切苦海，大礼八天。其时，北廓庙外鼓乐齐鸣，民众咸集，信士拈香祝告苍天。

实则，当时宁波城里的百姓假借城隍十月醮的名义，趁机放松了一回。其间，城隍庙附近有大批的小商小贩占地设摊布点，大声吆喝，三教九流混杂其间，一时间摩肩接踵，可谓热闹非凡。郡庙古戏台上日夜鼓乐喧天，一连几天的"谢神戏"，酬神兼以娱人，引得台下人山人海，两廊设摊售技者，如测字、看相、讲善书、说武书者林立，醮会后的"酬神节"由此变成"娱民节"。

【三】

精美绝伦的郡庙风物

固国度民的照壁

坐落在县学街的郡庙，其最南端处保存着一面精美独特的照壁，其长近20米，高约10米。照壁，也叫影壁、照墙，古称萧墙，一般位于大门前或内侧。照壁是作为屏障的一道空墙，是中国传统建筑中较为常见的附属建筑物，往往起着烘托气氛、增加建筑气势、营造建筑整体和谐的作用。

提及照壁，不少人会想到"九龙壁"和气势磅礴的紫禁城。近观远眺郡庙的照壁，虽不能与之媲美，但它的气派在浙江省内也是数一数二的，是宁波市内现存古建筑中最具文史价值的典型样板。这道古色古香的照壁连同拱墙，犹如一座屏风，与古庙浑然一体，同时形成了独立的艺术空间，不仅丰富了郡庙整体的布局，也为郡庙增添了一道瑰丽神秘的色彩。

据专家考据，照壁最早出现在商周时期。1982年，考古工作者在陕西省岐山县凤雏村，发掘出土西周宫殿建筑遗址，大门前就置有照壁，它是我国迄今发现的最古老的照壁遗址。照壁首创于中原地区，唐宋时期逐渐推广到全国。这一独特的建筑，曾在北方中原地区盛极一时，而在江南一带却不多见。盖宋室南渡后，照壁在浙东宁波全面盛行，各级官府衙署、庙宇书院、府城郡庙等，比比皆是，后渐渐在民间普及。

照壁，往往掺杂着地理、民俗的因素，尤其与风水有着千丝万缕的联系，传递了中国古代建筑"前有照，后有靠"的风水建制，据传它有"藏精聚气"和"辟邪"功能。站在城隍庙照壁前，不妨稍作想象：朱红色的大门好比是整座建筑的"气口"，门前这座巨大的照壁，可使"气口"阻而未断、流而不泄，聚积运气，起到挡冲煞气的作用。

郡庙的照壁由照面、壁座和壁顶三部分组成，为水磨青砖石垒砌筑，是一座檐台式单体建筑。东西两道等高的风火墙与照壁连成一体，风火墙的拱门神形异美，乃跨街而筑。照壁中间坯砖砌壁身，壁顶封檐厦披，檐下作斜花格框，嵌泥塑山水、缠枝花草、蝙蝠，脊上鸱吻高耸，正脊上伴有凹凸多变的瓦花，青砖仿木斗拱精工细作，斗拱之上的插昂、檐椽和飞椽，以至壁垣顶的小圆筒青瓦与滴水，也无不造型奇特，富有

精美的郡庙照壁

069

郡庙墙上精美的石雕

浙东风情。

照壁通体带有传统宁绍砖雕的风格，蕴藏大量吉祥的图案。水磨青砖经过打坯、出细、过刀、修补、拼接等工序，将通寿的佛手、多子多孙的石榴、福福相连的蝙蝠，以及缠枝花草与暗八仙等写实图案，一一凸显出来，形象逼真，宛若天成。正面上方用青泥制成的斗拱、飞椽、檐口、滴水和变化多样的线脚，富有浓郁的甬城风情。"照壁变雕墙"的华丽转身，令人瞩目，把简单的一堵墙雕刻装饰成艺术精品，体现了宁波砖作的高水平，表达出郡庙古建筑的宽广胸襟与气魄。

照壁与东西风火墙上共有篆书金文二十字之多，这些篆文犹如阳春白雪，常使看客茫然，思量半日，也未必能解其义。壁顶正中雕篆体的"神"字，两端双鸥吞脊，顶檐下面阳刻着四个篆体字："固国度民"。《孟子》曰："域民不以封疆之界，固国不以山溪之险，威天下不以兵革之利，得道者多助，失道者寡助。"即限制老百姓不需划定界线，巩固国防不需显要的地势，在天下建立威信不需强大的兵力。

"固国度民"这四个阳文大篆，并非赞颂神威神灵，而是强调城隍神对巩固地方与社会安定的责任。其意在警示阳间的地方官，于国于民皆要

两面风火墙

平治天下、尽职尽责而守护甬城安宁,使百姓安居乐业,做到为官一任,俯首为民,问心无愧。它着重强调为官者必须造福地方百姓,也宣扬了城隍建庙敬神的宗旨——力求古今共鉴,人神同仰。

遥想几百年前,宁波新任知府和各县新任的县官,走马上任之时,必然会恭恭敬敬地站在郡庙大门前,对着照壁举行就职宣誓,表明自己在做官期间廉洁从政的决心。"固国度民"四个阳文大篆,对有自律意识的地方官多少起过一定作用,待到其卸任之时,又来面壁告辞。这块青灰色的照壁,成为其为官一任的见证者。

东西风火墙的上拱门,门额内外两面有钟鼎文镌刻的四块横匾:东边风火墙内为"四时咸若",外为"金汤永固";西边风火墙内为"百渚不警",外为"磐石常安"。这些篆书金文原本就不易懂,据传在1983年城隍庙大修时,时任市文管会顾问的徐瑜老先生从《古籀汇编》上引用了此篆体,加之工匠在制作时有些走样,更增加了辨识难度。1999年,这些生僻的篆体曾引发周节之、桂信义两位甬上文史专家的讨论和释义,从而引起甬城百姓的关注和识别。细观这十六个字,意思较为浅显,承载了全城百姓对"国泰民安、风调雨顺"的祈求,是对"固国度民"的进一步诠释和拓展,表达了良好朴实的意愿。

照壁前,曾竖立一对带传统仰斗式的旗杆,是清雍正十年(1732)地方官孙诏重修郡庙时所添。最近更换的新旗杆,大概是2005年设立城隍庙小吃城时所立,逐渐变成了城隍庙美食城的标记,顶端飘扬的黄旗上除了"国泰民安、风调雨顺"之外,还多了"风味小吃、口福无限"的招牌。

韶华易逝,照壁的残损程度也与日俱增。历经几番修葺之后,水磨青砖的照壁逐渐蒙尘,大量砖雕的精细线条,均被涂刷上去的灰浆所掩埋,也失去了原本细腻精致的宁式风格。令人欣慰的是,风火墙仿梅园石的拱券,依旧略显绯红,没有被漆成俗不可耐的青灰色。

每当夕阳西下,抑或雨过天晴,那座固国度民的照壁默然伫立。它仿佛穿越过历史的长廊,仿佛聆听过天封塔铃的缠绵悠长。那浑厚沧桑的模样,是百年砥砺后的从容不迫,那氤氲的人文气息,更是百年沉淀后的芳华无限。

棂星门

望穿历史的庙门

徘徊于甬城的寻常巷陌,寻找历史的遗迹,便可渐渐体会那一份悠然……

走完短短的一条县学街,街上的两道大门,给人留下了深刻的印象:

西边这一道门,为鄞县孔庙仅存于世的"棂星门",古朴的高檐窗棂,桀骜的斗拱梁架,斑驳的青瓦黑脊,皆古香古色,观之肃然……

东边这一道门,就是朱红色的郡庙大门,抬头望去,"宁波府城隍庙"的巨匾挂于门楣上,六个贴金大字分外夺目。这个四柱三间、抬梁式硬山顶建筑,已经跨越了三个世纪。如意斗拱将巨大的门檐高高托起,横空出世般,烘托出宁波府城隍庙气宇轩昂、富丽堂皇的气势。

庙门由三道大门组成,每道门高达4米,宽逾2米,触摸着这道朱红大门,厚朴庄严之感便油然而生……宽厚平整的实拼板门上是一排排显眼的鎏金铜钉,使禁锢森严的大门显得坚固、威严,更呈现出一种煌煌之氛围,倍增郡庙建筑的壮丽之美。

有句宁波老话叫"撑门面",宁波人认为大门总是与面子掺和在一起,

大门上的门环

城隍庙大门口的一对石狮子

熟悉的城隍庙大门

只有"撑门面"后，才有"挣面子"一说。中国传统古建筑讲究面子，所以宁波郡庙大门上的诸多元素，譬如门环、铜钉、暗锁、门刻花印等装饰，常被赋予宁波传统文化的内涵。随着时间的流逝，它已不复当年的模样，但从门环和铜钉的装饰艺术，仍可依稀窥见宁郡民众祈求城隍神护佑，盼望国泰民安、风调雨顺的美好愿望。

郡庙巨大的门檐，被层层斗拱托起。斗拱是中国古建筑特有的结构，在立柱和横梁交接处，从柱顶上一层层探出成弓形的承重结构，谓之"拱"。拱与拱之间垫的方形木块叫"斗"，两者合称为斗拱。曾是斗角贴金的如意云头，而今惜已朱消金落，但历经百年风雨的斗拱，却身姿昂然。它不同于通常所见的弓形重叠式样，而是由斜向互交网格所组成的立体结构，称之为如意斗拱，简称如意头。

这个如意斗拱，才是郡庙大门的独特之处。如意斗拱是中国南方传统古建筑中常用的斗拱形式，俗称花拱，主要分布在浙江、江西、湖南和云

城隍庙砖雕

贵川一带。它是阑额上置如意斗,拱呈45度斜出,与旁边斜出的拱交织,呈网络状,结点处再设置第二层斗拱,形成网状承重结构。城隍庙中现有的花拱是宁波市区古建筑中的孑遗,是古代浙东特有的建筑工艺,对研究与传承宁波古建筑技术,具有实物参考价值。

有趣的是,现存宁波郡庙大门花拱的出现,恰巧印证了宁波与云南丽江古城建筑的传承关系。据《丽江府志》记载,明代丽江城市的规划设计,由当时的宁波画家马啸仙参与,所以丽江的民居、官署、宫殿等传统建筑风格和浙东宁波有许多类似之处。丽江现存的明清建筑中,只要从"花拱"中一瞥,与宁波的形制几乎一样,而丽江与周围相邻城市,却风格迥然。历经风雨沧桑后的花拱,今天依然契合如初、严丝密缝,足以使人想象整座庙门熠熠生辉的气场。

在郡庙大门的门楣之上,原先五彩斑斓的彩绘,旧痕鲜有,所幸至今仍保留着许多精美的木雕、砖雕。大门上方有精致的双狮戏球木雕,为清代的"浅浮雕"。狮子在浙东备受青睐的原因,相传与佛教传入中国有关。传说佛陀出生时,一手指天,一手指地,作狮子吼,又有狮子为护法者之说。佛道之说在民间融合后,人们视狮子为辟邪的瑞兽,常赋予喜庆吉祥的色彩,城隍庙的雕刻中都有狮子的形象。除此之外,门楣处还存有云龙

精美的如意斗拱

郡庙中的"鸳鸯作"

华彩缤纷的朱金漆木雕

木雕,刻工精细,玲珑剔透,古香古色中尽显雅致。可惜为巨幅挂匾所遮,仅见"冰山一角",难窥全貌。门楣两侧的砖雕上,有喜鹊梅枝相绕,喜鹊为报喜鸟,它有感应预兆的神异本领。这些作品雕工流畅细致,形态优美,都是前人留下的工艺杰作,可惜在近年的几次大修中,施工者徒求方便,用灰浆将一幅幅传神的砖雕填埋得面目全非,纹饰多已模糊,原先的风采不可睹矣。

  郡庙的门厅,为公共活动区,起过渡作用。其面积说大不大,说小不小,是人们迈进门槛后的缓冲区,为四柱三弄结构。进入门厅,又见飞檐支角,斗拱相衬,头上的屋顶,前方为人字形坡顶,后方为弯曲的海棠顶卷棚,是古建筑中典型的"鸳鸯作"形式。经过先辈们的巧妙构思、精工创作后,它不再是一方平平常常的屋顶,不但增加了立体效果,还能改变空气的流速和流向,这在设计上是匠心独具之所在。20世纪80年代后期,郡庙摇身一变,成为八方小吃大本营,门厅挂上了吊扇,多少有些煞风景。

  踏进大门,过门厅,还会发现"檐重硬山顶"建筑的仪门,仪门多为衙署大门之内的门。1887年重建后的城隍庙比照官署,也设计了三间两弄的仪门,还在门上建楼,虽深不过二丈,但楼下却建有檐披、双联卷棚和楼平,卷棚下的月梁和抬梁金碧辉煌,存有不少精美的木雕,抬头仰视,顿觉别样生动。而如今所见的仪门,只有两弄而并无大门。

  城隍庙大门前有一对瘦骨嶙峋的石狮,据说是1983年重新修葺时,从南门原康将军庙、宁波解放后成为钢锯厂的废铁堆里找来的。而原来的那一对巨大石狮,在"文化大革命"期间下落不明。

昔日的城隍庙大殿

雄伟庄严的大殿

在古代，一座较为完备的城池必须具备四大建筑，即文庙、城隍庙、佛寺与道观。地处浙东的宁波，四大建筑完备，一个也不曾少过。"唐塔宋庙"，自北宋以来，仅城隍庙一带，先后存续景福寺、太平兴国寺、古药师寺、藏经新寺、寿昌寺、万寿寺……往日的钟鼎相闻、香火连片已烟消云散，如今唯独城隍庙历累劫而不亡。这座雄伟庄严的郡庙依旧挺拔，孑然独立甬城，也算得上是一个传奇。

大殿是城隍庙最重要的建筑。在旧时，一切大型的祭祀活动都在此进行，里面供奉着城隍庙的主神——纪信。可以说，在城隍庙庞大的建筑群里，大殿是最高的，也是占地面积最大的，是整座郡庙中最雄伟的建筑。

宁郡城隍纪信，终日端坐在庄严的大殿里，接受百姓的香火跪拜。在旧时百姓的眼里，大殿不仅是城隍在阴间的衙门，还是祈福、求医、消灾的神殿。城隍老爷兼管地方冥籍，赏善罚恶，是冥府派驻阳世的地方官吏。

郡庙中的牛腿与月梁

他既是神,又是冥官,上可入天,下可通地府,任意出入阴阳世间,神威显赫,统辖一方,在庙中设座问案判事,职掌冥律。所以甬城百姓信奉:大殿虽不是府衙,却比阳间的府衙更为崇高和神圣。

城隍庙大殿为硬山建筑,重建于清代光绪年间。平面布置为凸字形,由正殿和殿前卷棚形廊连接而成,外观看起来是重檐硬山,在建筑上称

华彩纷呈的木作

"一殿一卷勾连搭"。和一般歇山顶的大殿不同,郡庙的大殿没有飞檐翘,这在甬城现存建筑中比较少见。由于大殿的进深较大,正脊高耸,又有鸱吻垂带,装饰丰富,近观整个屋顶,更显厚重而壮观。

郡庙大殿高15米、面宽24米、进深21米。在光绪年间的甬城,这绝对算得上大型建筑,与延庆寺大殿、七塔寺大殿一样,都是地标性建筑。在当时的街巷,民居普遍仅五六米高度,相当于现在的两层楼,而15米高的郡庙大殿,相当于现在的六层楼。远远看去,自然巍峨挺拔,颇有凭高御风的威武之势。

一座天封塔,一座郡庙大殿,它们"远穷海宇三千界,高出风尘十二楼",不仅代表了建筑上的高度,也间接彰显了城隍的神圣与威仪,仿佛是在高处俯视着芸芸众生,察看着人间善恶。岁序兴衰,随着城市建设的发展,如今这个地块已经高楼林立,但在郡庙附近的庙西商城与城隍庙步行街,依旧控制在15米以下的标高。如此既符合文保的要求,又能体现对历史的尊重,从远处望去,依旧能分辨壮观的郡庙大殿。

大殿的进深较大,整个屋面尤为宽敞。中国传统建筑的屋顶多呈八字形,越到屋脊处越陡,越到檐口处越平坦,呈抛物线状。这个在宋代《营造法式》中，谓之"举折"，在明清官式建筑中，唤作"提栈"，而宁波传统建筑的术语为"分水"。屋面做成八字形，不仅能增加屋面的美感，而且更有利于排水，这是古代浙东匠师们的伟大创造。建筑等级越高，屋脊越陡，彰显威风。城隍庙大殿的正脊梁九分水，使人感觉屋面十分陡峭。大殿屋脊高耸，脊上两端装有鸱吻，龙尾曲巧，整个屋面的拔高之势，自然而突兀，整个屋面采用筒瓦、瓦钉倒覆酒盏，青黑瓦面做成一道白线，乃是宁波一带特有的做法。就连屋面的吞口垂脊、花檐滴水，也无不精工细作，乃是浙东匠师的群体智慧。

大殿的屋架，采取穿斗和抬梁相结合的方式，上部结构采取"彻上露明造"的布局。所谓的"彻上露明造"，就是把上部的梁架、枋、檩条、椽子等都显露出来，不用天花板覆盖遮蔽。在中国南方的大殿中，有很多采取这种敞开式的方法，采用这种方式可增加屋内高度，还可烘托出建筑的结构之美。

城隍庙大殿之用材，可谓硕大。硕大到什么程度呢？那殿中的金柱就是直径 1.2 米的整段大木。据老一辈人讲，光绪年间重建之时，宁波本地根本找不到如此硕大的木头，这些圆木系从南洋进口。这些圆木，也间接映射了宁波开放口岸的活跃程度。所有柱子之间都用穿插枋连接，形成屋架整体，枋上施斗拱承托梁，金柱间用巨大抬梁。如此设计可减少下部柱子的排列，既能节省木材，又能增加空间。梁下雕刻着精美的雀替以及朱金漆木雕等，屋架大气稳固，至今不腐、不霉、不蛀。

大殿门边，有一幅光绪年间的石刻八骏图，马匹刻画得极具动感，气韵生动，是本地石雕具有代表性的作品。大殿檐柱上施有宁波本地特色的建筑构件——牛腿。牛腿是穿插斗拱工艺化的一种变体，到了明清越来越复杂，越来越华彩纷呈。当时最具有代表性的，就属东阳派和甬派。甬派的牛腿，还保留着斗拱的原始形状，只是浮雕复杂，造型更为生动。若要查考甬派牛腿的前世今生，非要到城隍庙走一遭不可，其牛腿就是甬派的代表之作。

月梁是中国南方建筑保留古制的重要特征之一。月梁，顾名思义呈月牙形,两端雕刻有龙须状图案,中间人物花草纷繁复杂,加上朱金漆木雕工艺的帮衬,愈加显得富丽堂皇。

穿过大殿便是后殿,俗称娘娘殿。旧时,这里往往是求子之人的聚集地,穿梭于此的信众不少,建筑上理应宽敞明亮。而城隍庙的后殿却一反常理,十分简陋,与大殿相差甚远,前后极不相称。大殿的雄伟,后殿的朴素,从不同侧面反映了清代建筑工艺的精湛和浙东匠师技艺的高超,它们也为研究明清时期浙东地域的民风民俗、民间信仰等提供了难得的实物资料。

如今,遥看大殿正脊上的四条卷尾龙,仍然惟妙惟肖,炯炯有神;大殿正中"泽沛梓乡"的红底金字,依旧气势磅礴……流连于殿堂之间,凝望着金光闪烁的文字,望着殿内的风物,不由对城隍庙心生一分敬仰。

美轮美奂的戏台

戏台是浙东传统古建筑的一个重要物件，它在宁波的分布范围极为广泛，有名可稽者，可达数百座，留存至今的数量也十分可观。城区宁波府城隍庙、湖西秦氏支祠、庆安会馆和安澜会馆；宁海崇兴庙、象山墙头欧家祠堂、奉化萧王庙、余姚仙圣庙、鄞州黄公庙和忠应庙，都有戏台留存。

宁波处江南富贵之地，依山近海，两宋之后，城乡经济日益发达，从威严肃穆的殿堂到繁华嘈杂的市井里巷，再到一些与世隔绝的清幽山岙，都可寻觅到戏台的踪影。城隍庙地处闹市，旧时庙会常盛，故四乡八镇、士商农工，敬神者不绝。庙会常有酬神戏，于是城隍庙里这座挑角伸展、古朴绮丽的戏台挑起了大梁。

郡庙戏台通高 15 米，舞台净宽 6 米，面积近 50 平方米，是整座城隍庙建筑的精华之一。戏台四柱承接飞檐翼角的牛腿，天穹式的藻井，四周无处不在的朱金漆木雕，厚实的实木台板，壮丽的筒瓦屋顶……不胜枚举。可以说，郡庙戏台汇集了建筑、戏曲、书法、宗教等多方面的艺术文化，是明、清以来浙东戏曲声腔发展和繁荣的见证。至若晴空历历，站立在戏台上仰望，挺拔的戗角仿佛在蓝天白云间展翅，极具动感之美，使人不免追思过往。

今天所见的郡庙戏台，是清光绪年间重修郡庙的遗存之物，为歇山顶单檐戗角式建筑。整座戏台结构精巧，装饰富丽堂皇，美轮美奂。据说戏台系前人徐筱照师傅设计建造。《宁波工艺美术名人录》中记载：徐筱照为晚清至民国初期的著名雕刻大师，原籍象山，中年时来宁波孙余生雕花场，后自立门户，在老城隍庙旁石柱桥开雕花店。光绪八年（1882），大火烧毁城隍庙，徐筱照参与重修，搭建雕刻戏台，因戏台圆穹饱满、构筑奇巧而出名，又因他的店铺与城隍庙近水楼台，多有京班演出，他又以雕时髦的"京班体"佐戏台而声名大振。徐筱照以精湛的朱金漆木雕技艺，赢得同行的好评，被后人称为"筱照师傅"。凭借对郡庙那一份真切的热爱，他对郡庙的建筑做了深入的研究，率众人为郡庙重添一座精美绝伦的戏台。

郡庙戏台藻井

藻井四角的鹤寿图案

戏台斗拱

  台下有巨大的方形石柱作为支撑，足有50厘米见长，台上则是不过20厘米的木柱。台下石柱与台上木柱，一方一圆，下粗上细，极大地拓宽了台下观众的视野，又兼顾了戏台建筑的力学需要。厚实的实木地板采用拼接技术，当年虽无大型烘板机，但经过自然干燥的木板，结实而富有弹性，且能抵挡江南漫长的梅雨季节带来的潮湿，至今未变形开裂。1983年大修时，可能是出于保护戏台的考虑，又为整个戏台配上花门，可惜花门常年关闭，市民与游人再难一睹戏台内部的建筑。

  郡庙戏台最生动、最精美的部分，当推它的主要构件——藻井，这是中国传统建筑中最有特色的小木作的装饰构建。说白了，藻井指的是戏台表演区上方的天花板部分。郡庙戏台的藻井是一个直径5米、深约2.5米的巨大穹窿，它独具匠心，包罗了戏曲文化和建筑艺术。

  藻井起源于秦汉时期，成熟于唐宋，敦煌莫高窟中已有彩绘的富丽堂皇的藻井。藻井的本意是一种带有水藻花纹的天花板，并且向屋顶方向形成穹顶作水井形状，寓意"以水治火"。因为旧时木质结构最惧祝融之灾，据汉代《风俗通》记载："今殿作天井，井者，东井之像也，菱，水中之物，皆所以厌火也。"东井，就是二十八星宿之一，井宿属东方苍龙，属水，以

戏台牛腿

压火魔,藻井由此得名。

在宁波现存的藻井中,北宋保国寺大殿三个结构精巧的小藻井,可以视作宁波藻井的鼻祖,城隍庙戏台的藻井则是藻井中螺旋形的代表。它结构精巧,力学分布合理,寓意吉祥,是小木作中的无上精品。整个藻井由28只飞凤托起,上面承花篮,实为斗拱中的大斗,大斗上放置龙头,为斗拱中的昂,再由小斗拱盘旋而上。拱突出处作鹅头状,象征着龙脊,实为昂,到顶处雕刻龙尾。由龙尾托住穹顶部的大铜镜意在辟邪,仰视穹顶28条金龙盘旋而下,蔚为壮观。龙与龙之间,用雕花木板相连,形成花环,连接紧密,严丝合缝。整个穹窿的构造没有使用一枚钉子,完全依靠榫卯的致密契合紧紧地连成一体,至今虽历经百余年,依然密合如初,似浑然天成。这是浙东匠师们传承宋代天宫楼阁藻井基础上的又一个伟大创新。

这种螺旋形的穹窿藻井,是藻井中最特别的形式。藻井在建筑上的本意,是为了遮盖梁架椽望,相当于天花板的功能。北宋前后,藻井只限于皇家使用,以显示和象征帝王风范。明清以后,渐渐用于殿堂,及至清代晚期,即在城隍庙的建造年代,才被广泛应用于祠堂、家庙的戏台。穹窿造型提升了舞台空间,在实际使用中,与戏曲表演关系相当密切,如武戏翻高，武生打斗、腾空的范围可明显扩大。再如伶人唱念道白，高歌低吟时，其四壁会形成共鸣回旋，藻井如同一只"大喇叭"，可起到扩音的作用，出现余音绕梁的音响效果。而它内部特殊的结构，可形成气流，时有回旋风，终年回荡其间，因此不易积灰尘，也不会有蜘蛛在此结网。

除了精美的穹窿藻井，"筱照师傅"鬼斧神工的朱金漆木雕技艺也使郡庙戏台熠熠生辉。台柱承接飞檐翼角的牛腿处，台顶的四角处，圆雕、浮雕、透雕多种技艺并用，雕花雀替、凤翔龙舞、四蝠拱寿、仙鹤献寿等图案频频亮相，上下浑然一体，一气呵成。画面雕刻极具动感，尤其是镂空的双龙抢珠朱金木雕，极尽精美与华贵，散发着祥瑞之气。但凭斗拱上残留的金色，便可猜想当年巧夺天工的模样。

历史悠久的郡庙戏台，也是宁波曲艺声腔发展和繁荣的见证者。曾经，各方戏种轮番登场，从"苏昆"唱到"甬昆"，再到京剧与宁波滩簧，乃至台州乱弹、绍兴戏……名号响亮的大四喜、老大鸿寿、大春台、宋翔记、大连升等戏班都曾在郡庙戏台上红透半边天。京沪名伶也常有登台亮相，上年纪的老宁波人中，就有不少人在郡庙戏台上看过盖叫天、麒麟童的真容。台前的两根立柱有一部楹联大集，借古喻今，耐人寻味。

翘角飞檐的古戏台，如今却似明日黄花，匆匆凋零。只是驻足久立后，望着斑驳高耸的戗角，不禁叫人想起那密集如雨点的锣鼓声，想起那些生旦净末丑，想起"你方唱罢我登场"的情景，仿佛一切就在昨天。

双狮戏珠

朱金漆木雕

古意盎然的木雕

宁波府城隍庙,在大门、大殿、戏台、东西厢房等所见之处,至今仍保留着许多精美的木雕。大量古意盎然的木雕反映了丰富多彩的民风民俗,清晰地还原出逝去的历史场景。朱金漆木雕的雍容华贵与富丽堂皇,在郡庙里发挥到极致,可以毫不夸张地说,城隍庙是宁波朱金漆木雕的艺术宝库。大量遗留的朱金漆木雕作品,充分显示了浙东工艺美术的表现力,为郡庙留下了一份极为宝贵的遗产。

步入大门之前,抬头望去,首先映入眼帘的是门楣上方两块精致的云龙和双狮戏球木雕。云龙因受风吹雨蚀,纹饰多已模糊。但它们线条流畅、

精美的木雕

月梁和台梁间的四个侏儒柱

刻工精细、形态优美,均是典型的宁波朱金漆木雕之作。"三分雕刻,七分漆匠"的浙东传统工艺,在城隍庙里展现出华彩纷呈的艺术效果。

朱金漆木雕,这种宁波著名的传统装饰工艺,已于2006年被国务院和文化部列为国家级非物质文化遗产。事实上,自宋代开始,朱金漆木雕已经广泛应用于寺庙建筑与佛像雕刻;到了明代,这种技艺与日本交流频繁;清代康熙之后,社会安定,农村经济复苏,商市集贸兴盛,各地兴建祠堂庙宇成风。光绪年间的那场大火,再次卷噬了郡庙,在历经四年之久的重建后,宁波府城隍庙于1887年再现雄伟风姿,而庙中大量的朱金漆木雕可谓锦上添花,立下汗马功劳。

穿过大门,走入大殿,大量精美的朱金漆木雕作品纷纷呈现。抬头望去,繁花似锦,令人目不暇接。大殿正中八根朱漆金柱巨大挺拔,巍然屹立,尽显大殿庄严恢宏的气势,梁柱与牛腿都采用了朱金漆木雕,充分运用了浮雕、透雕相结合的工艺,连吉子等平时不被人注目的小件,也精工细作,团龙吉子直接与冰纹、百结汇合。在取料、构图、打坯、补灰、刷豆浆、贴金、上泥银、拔朱等环节皆一丝不苟,无论龙飞凤舞或倒挂狮子,无一不是精雕细刻,美轮美奂,具有鲜明的地域特色。

大殿卷棚的抬梁与月梁之间有支撑档,有人称之为"侏儒柱"。鼓着腮帮子的壮年小伙和瞪着眼的暮年老者,共同扛着横梁的图案,形象生动,造型逼真,不禁令人拍案。这一组宝贵的木雕工艺品,弥足珍贵。据甬城古建筑专家赵新星先生介绍,因大修时发现卷棚抬梁与月梁之间有裂痕,故将这组木雕工艺品作为支撑档嵌入,以起到加固作用,是大殿中一组出神入化的佳作。可惜的是,大殿在1983年大修时,局部被新漆或铜粉覆盖,已经不是朱金漆木雕的本来面目。

移步城隍庙古戏台,俨然又是朱金漆木雕的"大本营",这座歇山顶单檐戗角式建筑是整座城隍庙建筑的精华所在。如伞如盖的穹窿,穹然高起的藻井,惟妙惟肖的如意云头……规模宏大,异彩纷呈。清道光至光绪年间,各地赛神会、庙会盛行一时,均有戏曲表演,京剧替代昆曲,风靡江浙一带。宁波朱金漆木雕的手艺人善于学习,将京剧的行头、布景等,

蝙蝠图案

纷纷在戏台雕刻中加以反映，成为时髦的雕刻，在民间大受欢迎，木雕被称为"京班体"。1956年，浙江人民出版社出版《浙江民间美术选集》，著名教授邓白先生把宁波城隍庙等戏台鸡笼顶称为"鬼斧神工"的奇迹。

在现存的城隍庙木雕工艺中，西厢房上的形象是原迹，也最为精致完整，屡屡能看到"仙鹤献寿""双龙抢珠""龙凤戏珠""倒挂金狮"，有横空出世之势，乃庙内木雕中的传神精品。多用白果木、黄杨、樟、柏等百年老木雕制，大量采用"打镶"的镶拼木雕技艺，不仅可用小木料做大件，而且雕刻造型不再限于木料体量，甚至比原板还要牢固，所以不开裂、不变形，极少会被虫蛀。若细细查看城隍庙内的雕刻，几乎都是一贯的整体风格，经过漆饰和贴金绘彩后，难以发现拼接的痕迹，这在全国其他城隍庙中是不多见的。

在那些富丽堂皇的木雕中，蝙蝠的数量和形象最为奇特。"蝠"谐音"福"，蝙蝠又是聚居的动物，通过雕刻大量蝙蝠，寓意"福福相连"，表现出人们的各种美好祈求，传递吉祥寓意。它们藏身于城隍庙仪门门楼曲栏的吉子里，或在大殿五架梁上展翼高飞，或倒垂挂落，或翻舞舒展。经过能工巧匠的雕琢，不具丝毫丑陋，非但不使人望而生厌，还显得生动与传神。或静或动遍布各处的蝙蝠，协同"龙凤戏珠""倒挂金狮"的传统图案，在郡庙总体装饰上，堪称完美和谐。大量蝙蝠的雕刻之细、刀工之精亦十分少见，"四蝠拱寿"的小吉子，金蝠登堂入庙中之大殿，观者自然眼前一亮、耳目一新。

踏入城隍庙的大门，穿越无数纵横交错的梁枋间，透过幽暗的古戏台，那些洋洋大观的木雕依旧伫立在历史的长河里。它们在动静之间，透露出鲜活的历史记忆，历经漫长岁月的磨洗而依旧生动。朱金漆木雕深深扎根于宁波府城隍庙，它是城隍庙建筑历史上最鲜明、最生动的印痕，那深远的艺术创造力，不仅印证了曾经的辉煌，还为老庙留下了一份真实的印记。

书法大家钱罕题写的匾额

交相辉映的匾额

在中国许多雄伟的殿堂、庙宇、寺塔、亭台与楼阁等古建筑中,多有匾额分布。唐宋以前,匾额多为竖立,称为"华带牌",往往上书建筑名称,或堆积众多"吉语"。唐宋以降,由于建筑形制的改变,多为横匾,装饰更为华丽多彩,匾额多为木制悬挂,也有用石材雕刻嵌在墙上的。几千年来,伴随着书法艺术的普及,雕刻艺术的精进,匾额的文学艺术性也不断提高,加之其设计尺度与色彩的提升,逐渐与建筑物相互辉映,从而使中国的匾额文化源远流长,成为传统建筑中不可分割的部分。

踏入宁波府城隍庙,庙内散落着不少珍宝,那些精美的匾额就是遗珍之一。浙东一带的匾额多取材于杉木或樟木,与全国其他地方的匾额相比,匾上的文字并非直接雕刻,而是通过"髹饰"等传统技艺,结合"生漆瓦灰"堆筑而成。经过独特工艺流程制成的匾额,能历经江南漫长而湿润的梅雨季节,久不开裂和霉变,历经岁月之洗礼而弥新。

穿过是壁而非壁的照壁,那座守望历史的大门映入眼帘,抬头望去,一块"宁波府城隍庙"的巨匾挂于门楣,六个贴金大字分外夺目,为近代书法大家钱罕所书。钱罕(1882—1950),字太希,慈城人,曾师从著名书法家梅调鼎,后博采汉、晋、南北朝、隋、唐众长,受晚清崇尚碑学之风的

"圣协时中"匾额

"泽沛梓乡"匾额

影响,致力于碑学,卓有成就,出手挥洒,变化多姿,与山阴任堇叔有"浙东二妙"之称。出自他笔下的书体,绝无一字软弱,绝无一幅雷同,更无一件败笔,这与钱罕沉溺经史诸子、博通深究历代碑帖、积累创作实践是分不开的。

在这巨幅匾额中,"宁波府城隍庙"六个字用笔果断清朗,举重若轻,似断不断,若断还连,结体朴茂瘦长,强调章法中粗细疏密的对比,譬如"隍"字的部首"阝","庙"字的"广",转折处皆宛转流畅,注重方折的感觉,转折多用断笔。其作品受梅调鼎的书风影响较深,总体上趋向雅致朴素,却又丰富多彩。六个字绵中藏刚、敦中见灵,风神秀逸,呈现出与众不同的浙东书风。

时至今日,钱罕流传的墨宝至为珍贵,因这位书法家留世的碑刻极少,流落民间的墨迹,常人难得一识。因此,这块"宁波府城隍庙"的大匾尤为珍贵,使我们今天亦能有幸欣赏到钱罕书法"兼梅氏之长,具北魏灵气,大气磅礴,无懈可击"的神韵。

很多人不曾知晓,这块匾额如今能重耀门楣,背后蕴藏着许多艰辛。据说"文化大革命"期间,城隍庙屡受冲击,多亏天一阁的工作人员,将其以"大字报"覆盖遮掩,才使其逃过重重劫难。直到20世纪80年代重修城隍庙时,这块宽3米、高1.7米的巨匾才得以重见光明。据说,当年为了这块匾额，城隍庙修建工程组经历种种烦琐的手续，向中国人民银行总行特批金箔，用来贴金。经过甬上名师的修补，钱罕大师的书法旧绝才重焕新辉。

在此之前，郡庙之中的匾额遗留较多。《延祐四明志》卷十五中有载：宋嘉定九年，"摄守程覃奏赐额曰'灵佑'"。南宋宁宗赵扩御赐的"灵佑"匾额，不但歌颂城隍功德，而且具备铭事的功能，体现天人和合的文化思想。可惜，"灵佑"匾额早已不知去向。至于清道光"圣协时中"、同治"圣神天纵"的御笔，盖从文庙复制而来，见者寥寥无几。

在上了年纪的老宁波人记忆里，穿过城隍庙大门，大殿两侧塑有判官、公差等泥塑，他们横眉怒目，手持锁链、签牌，作奉命捉拿案犯状。塑像上悬着诸多匾额，其中就有"你来了么""也有今日""为善必昌""善恶分明"等。这些高悬的警语，俯视着庙内来来往往的众人，仿佛阳间之人的一举一动都被城隍老爷看得清清楚楚，记得明明白白，暗藏着对不法之徒的警示，倡导人们无则加勉，有则改邪归正。

20世纪90年代，城隍庙文商共荣谱新篇，城隍庙集团开发商城和国泰街时，进一步挖掘了郡庙匾额的文化内涵。在建设过程中，收集了甬上著名书法家的墨宝，将其制成匾额，把书法艺术和匾额文化结合，继续传承和发扬。走入城隍庙商城和国泰街，犹如踏进甬上书法名家的集萃之地，程十发、曹厚德、毛翼虎、桑文磁、郑玉浦等名家的真迹频频亮相，墨宝如云，使人流连。

交相辉映的匾额，为城隍庙建筑群更添一份魅力，那一幅幅珍贵的书法作品，都是真实客观的历史标本和人文记录，系统而全面地展现了甬上翰香墨韵，在鉴古观今和欣赏之余，令人遐思无限。

曹厚德所书的城隍庙简介牌

片石留香的古碑

走进甬城的寺庙，经常会看到几块石刻的碑碣，它们立在大殿的周围，专门记载建庙历史、修庙经过，以及相关的功德事迹。从秦始皇统一六国，登泰山刻石记功以来，碑碣沿袭至今已有2000多年的历史。在历史悠久的宁波府城隍庙里，林林总总的石碑散落于庙前庙后。虽然称不上丰碑巨制，但那些斑驳的石头，是抹不去的一段段活色生香的历史。作为甬城历史档案的组成部分，郡庙的古碑为宁波的文史记录了丰硕的一页，有着"石质地方史书"的美誉。

2009年，甬上学者章国庆与裘燕萍合编了一本《甬城现存历代碑碣志》，几乎将宁波老城区内的碑碣"一网打尽"：白云庄29种，天封塔18种，城隍庙10种，保国寺10种……然而，城隍庙的古碑，又何止十种！龚烈沸先生在其编著的《宁波现存碑刻碑文所见录》一书中指出留存城隍庙的碑刻有26种，还不包括2005年自郡庙移到天封塔公园的7块石碑。由此可见城隍庙内的石碑达30多块。由于城隍庙的改造，这些石碑陆续搬入天一阁的明州碑林内予以保护。

立碑题文，镌石纪事，这些刻在石头上的地方史书，何以大量地聚集在城隍庙？这不禁令人对城隍庙产生诸多思考。城隍庙曾是甬城最核心的人流集散地，民间城隍信仰波及范围广，涵盖信众较多，城隍庙既是百姓祭神的殿堂，也是工商民众集聚的重要场所。于此议事后立碑示众，宣传效果必佳，故在庙内外设立许多石碑，也是顺理成章之事。

论及城隍庙碑林中的"瑰宝"，当属明朝正统十一年（1446）所立的《宁波府城隍庙碑记》。这块石碑曾立于大门门厅右墙之上，所刻的一笔一画如行云流水般，底线平滑，立体感极强。碑文由黄润玉撰文，开篇"明之为州，本春秋于越甬东也……"娓娓道出宁波建城的沿革历史，随后又详细记述了宁波府城隍的由来和城隍神的祭祀，极力推崇城隍信仰，渲染敬神因由与神威。其史料翔实丰富，文辞生动精美，是研究宁波建置沿革与城隍庙历史的"石史书"，具有深厚的历史与文学价值，更是珍贵的地方文献，也是众多石碑中历史最悠久、内容最丰满的一块，属郡庙中的珍贵文物。

四百多年之后，在清光绪年间，祝融之灾降临郡庙，但它历劫不亡，重建后又大放异彩。于是有了1888年立于大殿的东山墙下的《宁波府城隍庙重建大殿碑记》。这是庙内又一块弥足珍贵的碑碣，具有极大的史料价值。其由主辅两块石碑组成，由鄞县张岳年撰文，慈溪童逊祖书丹，慈溪严信厚篆额，通碑刻工精细，碑文精美，记述了地方官周晋鑣主持并召集卖鸦片的商人，用番钱建城隍，劝捐富裕的地方绅士修建，"后殿及前后左右厅宇、东西廊庑、亭台门垣，以至于官厅公所"为张善仿主持，并且详细记录工程支旨费用的明细账。在整个复建过程中，还有专人负责监督，真实反映了当年修建郡庙的规模及费用，客观反映了清光绪重建郡庙的场景。

在郡庙这些古碑中，除了上述内容，还涉及政治、军事、宗教、历史、经济、宗亲、民俗等各个方面，通过树碑立传、勒石禁喻，以昭示后人，发挥着警示和大事记的功能，还可协调当时城内各行业公会的关系，确立相互的经营与规范契约。一段段鲜为人知的城隍庙历史，往往就隐藏在那些残缺斑驳的片石之中，躲在庙中鲜为人知的角落里。

宁波府城隍庙重建大殿碑记

譬如清嘉庆二年（1797）所立的《永革庄长告示碑》，清光绪十七年（1891）所立的《乌篷船局筹款抚恤落水毙船夫呈请给示勒石永遵告示碑》，光绪三十二年（1906）所立的《钱业呈请禁止各业股东与经伙串写推据预为讲账地步给示勒石告示碑》……光看这些碑目，长短不一，形形色色，涉及近代地方体制改革、善举为民的行业"抚恤基金"之设立过程以及各行业行为规范。其中不乏规范整饬行业经营秩序的文告。这些都从侧面反映了近代宁波商业发展的状况，保留了大量近代宁波发展史上的珍贵资料。

郡庙古碑之所记，又何其生动！庙内众多告示碑的出现，与近代甬城的商业繁荣不无关系。随着近代宁波开埠后，城市商品经济的发展引起的经济纠纷也随之增多，地方官府在处理具体纠纷后，往往在城隍庙立碑，通过石碑记录，从而达到广而告之的效果。譬如光绪三十二年（1906）的《钱业呈请禁止各业股东与经伙串写推据预为讲账地步给示勒石告示碑》就是一个真实案例。碑文生动描述了当年甬城金融界财务造假，与合伙人串通，提供伪单，逃避责任等现象，这与当今的金融诈骗如出一辙，并无两样。而通过规范钱业同行与各行业的来往账务，禁止财务弄虚作

记述"大事记"的古碑

假,兴利除弊扬善除恶,真实反映了当时社会迫切要求整饬金融秩序的现实。不仅金融业如此,就连蔬菜行、伞骨行、箔铺业、木器行、棺材铺业、邮政业、航运业等,都有诸如此类的自律规约,皆通过碑记的形式,用来整饬经营秩序,倡导诚信经营。

城隍庙中古碑的石材,多为本地鄞江所产的梅园石,少部分是大隐产的青石。梅园石早在宋代已经大量开采,钱湖南宋石刻群、日本东大寺宋代石狮均取材于梅园石,它是雕刻石像和碑碣以及建筑的上等石材,并在当时已销往日本等地。梅园石,色泽灰紫,质地均匀细密,更显素雅大气,其成分略呈碱性,每遇酸雨侵蚀,会加速风化,碑石容易脱落,碑文也容易漫漶不清。

石碑悄无声息,岁月的风雨或能残损碑石,但那一段又一段的郡庙往事,也许就躲在坚硬的石头里。那些爱憎分明、情文并茂的碑文,读来十分感人。它们片石留香,像一道亮丽的风景线,饱含丰富的历史文化内涵。它们往往在"神龙露首"之后,絮絮诉说着宁波源远流长的文明历史,解读古城宁波的昨日风采。

代神立言的楹联

楹联,俗称对联,举凡文人皆知。它是中国传统文化独有的一种艺术形式,堪称"诗中之诗""词中藏词"。它虽然篇幅简短,但功能纷纭多样,荟萃古今,是一种雅俗共赏的文学形式,常常用简洁的文字表达与该建筑相关的文化背景,浓缩地传递出名胜古迹的人文信息。楹联往往是对这些古迹文化内涵的提示、介绍和挖掘,是对景物审美意蕴的点化、发扬和提升。

宁波作为历史文化名城,文化底蕴丰厚,藏在城隍庙里的楹联曾在很长一段时间内,发挥着代神立言、咏史纪事的功能。大家欣赏品味之余,可从中了解古人的一些理性和智慧,感受古代庙宇对社会大众的教化作用。楹联又好比是警世良言,字字千金,联句用词平实而贴切,乃是借城隍之口告诫民众,为人处世要处变不惊。这些辩证的养身修心之道,仍不失为现当代的警言良句。

时光如许,岁月流转,城隍庙历尽风雨沧桑之后,现存的楹联已为数不多,只分布于大殿前面的石柱上。其中有一对是歌颂城隍神的,这对楹联写的是:"五邑隶栟檺,五谷金穰古大有;四明资保障,四时玉烛庆长调。""五邑""五谷"分别对应"四明""四时",其中"五邑"是指当时宁波府辖下的鄞县、慈溪、镇海、奉化和象山五县,由于长期得到城隍神的保佑和庇护,所以一年四季风调雨顺,物华丰淳。这副楹联的语言通俗易懂,强调富庶的宁波无时无刻不受到城隍神的恩泽,意在颂其功德。

除了歌功颂德的,多是一些"代神立言"的楹联。大殿前檐并列的四根方形石柱,柱上精雕细镂楹联多副,其中有一副:"欺己即欺天,亏心事难逃鉴察;有因必有果,到头时不爽毫厘。"此联上款书"光绪十年甲申岁五月吉旦",下款落具"里人李绍椿谨书"。李绍椿,大概是当时甬上的书画名家。这遒劲有力的二十四个字,强调因果报应,是在告诫人们不可做亏心事,做人要老实厚道不可欺诈,否则难逃庙中城隍神的惩罚。这副楹联,看后不免使人心生敬畏,带有深长的代神立言意味。

2011年，宁波市政协文史委和政协宁波诗社共同编辑了一本《宁波楹联集》，全书共选4000多副楹联，在"宁波市卷"的"宗教编"中，就有涉及城隍庙的5副。其中有一副"风咸雨酸，任凭他手辣口甜，莫道人间无苦海；黄金白银，一见了眼红心黑，须知头上有青天"，出自清朝梁章钜《楹联丛话》。这副楹联更加直白，已接近白话文，宣扬了古人慎始、慎独、慎微的人生信条，因为"举头三尺有神明"，告诫为官者不可贪不义之财，切莫眼红心黑、利欲熏心，劝人不要忘记城隍神的威力，带有廉政警示的意味。该联借用城隍老爷的口吻，警戒那些心怀不轨的人，莫要暗存侥幸，要想神不知，除非己莫为。这副对联口吻俏皮、滑稽，语言风格上较前面一副愈加不拘一格，语言通俗，意思达理，可惜如今已不见其踪迹了。

"文化大革命"期间，城隍庙历尽风雨，原有的楹联逐渐淡出人们的视线。直到20世纪80年代，城隍庙商场重唱一支"变奏曲"后，在老庙大殿前的金柱上增设了一些楹联，如"事在人为，休言万般都是命；境由心造，后退一步自然宽""悯贫拯危原人生本色，欺小媚高非吾辈行为""临喜临怒见涵养，群行群止见品格；大事难事看担当，逆境顺境看襟怀"。这三副楹联黑底金字，古朴大气，分别以行书或隶书撰写，依旧是代神立言的口吻。看过之后，给人以空灵、解脱之感悟，顿生警觉、震撼之心情。

金光闪烁的文字中，透露出醒世警世的现实意义，这些遍布在金柱上的人生哲理，使城隍庙成为一个"教育基地"，描述城隍的神职、神格、神性，宣扬神功、神力、神威，专门警示世人，要存感恩之心、敬畏之念。草根口语化的文辞，具有一定的亲和力与感染力。雅俗共赏间，也积淀了城隍信仰思想，增添了一丝回味无穷的魅力，闪烁着人生哲理与大智慧。

不少老宁波人相信城隍是为民做主、惩凶除恶的地方保护神，"使人知畏，使人有所畏，使人不敢妄为"的精神信仰，这从宁波府城隍庙中高悬的楹联就能清楚地看出。事实上，城隍庙里的楹联比佛寺道观中的更加直白，更加通俗，直指人心，也就更加具有警示与教化的力量。如果说，古香古色的老城隍庙是一部形象的历史参考书，那些代神立言的楹联佳作，无疑是这部书的点睛之作。

喜闻乐见的彩绘

壁画，实为墙壁上的艺术，它是人类历史上最早的绘画形式之一。原始社会，人类在洞壁上刻画各种图形，以记事表情，可能是最早的壁画形式。七千年前，在浙东这片土地上，崇拜太阳神的河姆渡先民们可曾有壁画的记录，至今未知。魏晋至唐宋，佛道两教盛行，寺院道观多有壁画。闻名遐迩的敦煌壁画保存了当时大量杰出的艺术作品。明清卷轴盛行，壁画渐衰。壁画作为传统建筑物的附属部分，它的装点和美化功能是古建筑中重要的装饰内容之一。

现存的城隍庙是光绪年间重建后的部分遗留，留存至今的彩绘并不多，既没有体现城隍行使治权的《城隍出巡图》，也没有神威显赫的纪信生平图。据研究郡庙多年的林宇镇先生考证，郡庙仅有的壁画片断，散落在东西厢房的埠头两边和戗檐上，最值得称道的是埠头戗檐上表现春夏秋冬的四幅风景画。

东边一幅为《春江烟雨》，虽没有戴表元《萧照春江烟雨图》中"波痕如树树如烟，更是春阴小雨天"的况味，也没有东坡居士《惠崇春江晚景》中桃花初放、江暖鸭嬉的场景，但见江岸上峭壁高耸，群山连绵不绝，山影树影连成一片，无风自摇；远看绿树苍烟望欲迷，远山近水、烟岚缥缈，加之钓客身披雨衣，执竿凝神而坐，俨然一幅构图绝妙的春江烟雨图。该画意境深邃，十分生动，具有一定的艺术价值。可惜1993年城隍庙整体改造改建东厢房时，旧墙拆弃，这幅《春江烟雨》也就不见了踪影。

所幸的是，西厢的《夏山骤雨》和秋冬二景至今犹存。三幅小品虽不及《春江烟雨》风雅，但画面细腻，运用彩墨写意的手法，在传统壁画中别具一格。壁画《夏山骤雨》富有生活情趣，暴雨骤停，群山见绿，描绘了雨晴山绿，夏日阴晴瞬息变化的奇观。据林宇镇先生回忆，在1998年整修《夏山骤雨》时，刷去画面上的浮色后，意外发现原画的画面留有"戊子孟夏长贵画"的落款。考戊子年为1948年，据此，这些画均应是1948年郡庙大修时所绘。"长贵"者，非名家，但其画中充满草根气息，用今天的话

壁画《戚继光抗倭》　　　　　壁画《郑成功收复台湾》

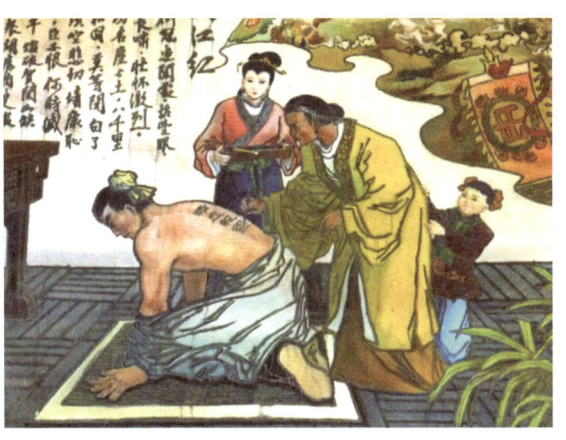

壁画《岳母刺字》　　　　　　壁画《林则徐禁烟》

来说，就是十分"接地气"。

1989年，城隍庙商城初具规模，因其绝佳的地理位置和良好的经营信誉，在宁波脱颖而出。当时的市规划局王祖毅局长曾说过，"对郡庙的开发，方方面面都要高抬贵手"，所以郡庙的这些壁画得到了保护和延续。为了营造郡庙的历史文化氛围，据林宇镇先生回忆，当时城隍庙商城聘请宁波工艺美术厂的工艺师们创作了系列大型历史壁画，不仅有忠孝节义的《三国演义》等故事，还有表现爱国主义题材的《岳母刺字》《郑成功收复台湾》《戚继光抗倭》《林则徐禁烟》等巨幅壁画,曾在甬城轰动一时。其中门厅北面的《三国演义》片段长近 7 米、高 1 米,分别描绘了"刘关张桃园结义""刘备三顾茅庐""长坂坡七进七出""诸葛亮六出祁山"等妇孺皆知的故事情节。沥粉色彩绚丽,人物栩栩如生,可谓宁波本土画师创作的上乘之作。

《岳母刺字》的故事在民间流传广泛。岳飞是我国南宋时期著名的抗金英雄。岳母作为母教典范和妇女楷模,励子从戎,在岳飞背上刺上"精忠报国"四字,被传为佳话,世尊其贤。这幅画的绝妙之处在于,侧面配有岳飞的《满江红》一词,抬头仰望时,词画相映,彰显一派浩然正气。画中岳母用来绣花的钢针,饱蘸她的满腔热血和爱与憎,带有强烈的家国情怀。这幅画算得上是宁波工艺美术厂画师们的精品大作,色彩绚丽,透视效果精美,沥粉工艺增加了画面的立体感与装饰性。满壁生辉而雅俗共赏,体现了宁波工艺美术厂全盛时期的辉煌。

郡庙的彩绘虽然不是出自名家之手,但画师们以富有草根气息的画作,为城隍庙大殿增色不少,线条刚劲有力,色调明快,吸引了不少市民和游人的眼球。而那些喜闻乐见的壁画,连同古碑、匾额、楹联等元素,使人们追忆着郡庙往日的似水流年……

【四】

浓郁绵长的郡庙画卷

滩簧小戏草根香

甬剧的前身是"滩簧",所谓"滩",就是唱"路头戏","簧"是一种曲调。宁波滩簧旧称"串客",相传在清乾隆年间,由田头山歌演变而来,最初流行于奉化、鄞县一带。开腔第一句用"上云",中间大段是"清板",敲锣鼓唱"下云"为末腔收尾。在曲调方面,它吸收苏滩、乱弹、甬昆的一些调头,欢快而明亮,充满浓郁的草根味和民间气息。初始演出者多为农民和手工业者,他们闲暇之余串游四方,"串客"之名由此而来。

直到民国初期,各类"串客"班仍旧不能公开在宁波城内演出。甬俚有"滩簧小戏演十出,十个寡妇九改节"一说。在封建统治者眼里,"串客"班唱的都是男女调情的"花鼓淫戏",属诲人淫秽的闹剧,像《双落发》《双投河》《扒灰佬》《赠六件》《拔兰花》等剧目都在禁演之列,许多艺人不得不转入山乡农村活动。直到20世纪20年代左右,才公开在城里演唱。

滩簧艺人进城演唱,首选之地当属宁波府城隍庙。

据《鄞县通志》记载:"邑中之戏多演于各庙中。旧时城区各业均有同行,且均有会,多演于郡邑两庙中。"那些草根的滩簧七十二小戏自然也列入其中。

辛亥革命推翻帝制后,那些头戴瓜皮帽、身穿大襟布衫的滩簧艺人开始进军甬城,时常出现在城隍庙的戏台。他们不似甬昆那样"阳春白雪",他们的表演更接近生活,朴实而粗犷。原汁原味的滩簧小戏常爆棚满座,极受市民欢迎。各工商业行会有议事活动时,也会请班子在城隍庙唱滩簧,不演则罢,一旦演出动辄七十二小戏轮番上演,昼夜连台,灯火通明,三花、三旦连唱三夜不带重复。

每逢城隍庙内上演滩簧戏,既有滑稽幽默的草花小丑戏,又有生旦唱念的清客戏,还有梨园戏。其间老板吹哨子静场、点汽油戏灯等老规矩,以及旗袍美女翻戏牌的新时髦把戏,是一个也不能少的。"锣鼓敲三敲,痒煞脚底心",但凡城隍庙里锣鼓一响,似乎半个宁波城里的人心都被撩拨着。尤以农历"七月半"做道场放焰口最为热闹,不少乡下人早早地卷

城隍庙戏台上的演出

着铺盖,半夜就开始占位置,当时滩簧引发的热度,非今日能想象。

滩簧七十二小戏是甬剧早期代表作品,1939年前就演到了上海滩。当时人们公认筱姣娣、孙翠娥、金翠玉、金翠香为滩簧四大名旦,其中金翠香曾在宁波城隍庙演唱过《双投河》。作为一流闺门旦,她嗓门清脆,念白流利,声腔滑颤,惯于"抖"音,将一位刚成亲就做了寡妇的养媳,演得惟妙惟肖,一句一板,声腔贴弦,听者为之倾倒。唱到伤心处,台下的老婆婆们也会掏出手巾跟着她拭泪,又随着丧偶男子的一句粗口道白——"姑娘侬肯嫁拨我,贼啦儿子去投河"而破涕为笑,由悲转喜,让人忍俊不禁!

《打窗楼》剧照（20世纪80年代由金玉兰、王利棠饰演）

　　2013年10月"菲特"台风的前夜，郡庙旁的逸夫剧院上演了四部最经典的滩簧小戏，演员多以民营姜山甬剧团为班底，邀请了金小玉、汪莉萍等甬剧老艺人来指导。熟悉的《拔兰花》《双投河》《康王庙》和《扒垃圾》与观众见面，复原的老腔老调，在百年后的舞台上原汁原味地呈现出来，仿佛时光倒流，一幅百年前的宁波市井生活画卷，重映眼前。如今郡庙的古戏台空荡无人，滩簧小戏草根香已成昨日风景。

"小热昏"卖梨膏糖

说到"小热昏",如今很多人不太知晓,年轻人更是闻所未闻。但对七八十岁的老宁波而言,"小热昏"是再熟悉不过了。他们从小听着城隍庙里"小热昏"的故事长大,常有一大帮孩童围在大香炉旁,不少入迷者,天天往城隍庙里钻,那一段难以磨灭的美好时光,深深烙在他们的童年记忆里……

大香炉旁的"小热昏",在今天看来,就像是周立波的海派清口,又像是本土的脱口秀表演。城隍庙里的"小热昏",也会讥刺时弊、讽喻世道,但为求保全,避免"祸从口出",常对听众宣称自己头热发昏、满口胡言,自嘲是胡言乱语说浑话,听众不必当真。"小热昏"由此得名。

民国以后,逢庙会、年节,"小热昏"的演出时常出现在宁波城隍庙内,一般集中在城隍庙的大香炉前。早些时候,庙里出现过好几个"小热昏",有的还会在地上撒白粉围成一个圈,争夺地盘。随后打起"莲花板",敲起"狗叫锣",演唱前,先打击一番,俗称"闹场子",不一会儿就聚拢群众。等人数凑得差不多了,就开始吆喝"书帽子",有时还表演"三仙归洞"的小戏法。

"小热昏"中,本地人少,大多是从上虞、绍兴"跑码头"来宁波讨生活的,以宁绍地方小调居多,言语发噱,唱句通俗,极受甬城百姓欢迎。虽说是外乡人,但他们也都入乡随俗,学瞎子唱新闻那一套:"犯关犯关真犯关,宣统皇帝坐牢监,正宫娘娘担监饭,红皮老鼠拖小猫……"等这"书帽子"摘掉后,才开始唱正文。

由于受文化水平的限制,会讲大书目的"小热昏"极少,多是唱唱"光棍调",调侃城厢新闻和家长里短。但经几位上年纪的老先生回忆,当时有位三十出头的"小热昏",专讲《平阳传》,凭靠这部"大书",一下子就能吸引人气,卖出不少梨膏糖。当时市面上流行连环画《平阳传》,民国绘连环画"四大名旦"中,就有两人曾画过此故事,周云舫画过《平阳传张勇》,沈曼云画过《大闹岳阳楼》。头脑活络的"小热昏",取材连环画,迎合听众的胃口,多少有点创新意识。

虽然看过连环画,深谙其中的故事情节,但人们还是百听不厌,那个"小热昏",嘴巴像搽了麻油,插科打诨的花样交关多。从"八英大闹岳阳楼"到"黄花岗七雄聚会",从"小英雄力除二虎"到"江雄力战四小侠",无不说得头头是道、栩栩如生,前排听众时常被溅到不少唾沫星子。说到紧要处,"小热昏"便要抖卖关子,兜售那包治百病的"梨膏糖",老面孔们都还识相,纷纷解囊,也不乏开溜之人。

听众中不乏学龄孩童,他们识得几个字后,已将连环画翻烂了,"小霸王张勇""大头陈保",就是孩子们心目中的大英雄。更有甚者,几个没头脑的小孩,听上了瘾,居然赖学不去上课,一天到晚来听《平阳传》。大人发现后,拎着孩子的耳朵拽出来,一路骂回家,屡教不改的孩子少不了被踹上一脚。在许多大人心中,"小热昏"更像是"教唆犯",都恨不得砸掉他的摊子。

除了会讲《平阳传》的"小热昏",还有一个专讲"善书"的葛慈生,这一老一少两个活宝,可谓不是冤家不聚头。他们三天两头在城隍庙里争风斗气,唇枪舌剑,闹下过许多笑话与传闻。"老热昏"有时抢不到地盘,只好去郡西的县学街口讲善书。"老热昏"的看家本领是《王瑞伯》,他操一口纯正的宁波老话,把拳师王瑞伯的故事讲得头头是道、活灵活现,什么"王瑞伯大闹天妃宫""王瑞伯巧退少林僧"等。葛慈生凭借熟练的说唱本事,也在城隍庙里站稳了脚跟。

传说民国初年,革命党人主张破除迷信,先从捣毁城隍庙的塑像着手,拔去照壁前的长竿。庙内摊贩惊慌失措,在关键时刻,讲善书的葛慈生和"小热昏"群起反抗,邻近代抱不平之人多挺身助力,搏斗流血,葛慈生被拘押。几日后,事态平息,葛慈生被释放后仍理旧业,听众拥挤,倍加于前,多有慕其名而欲见仪容者……"小热昏"们在这些郡庙往事里又添上了浓重的一笔。

"小热昏"卖梨膏糖

马联飞/绘

后大殿内听《水浒》

1928年冬，宁波城内也掀起了破除迷信运动，不仅城隍庙的神像被捣毁，延续了几百年的祭祀活动也被取消，老庙逐渐变成市民的游乐场。上了年纪的宁波人，还有些许后大殿的记忆。自20世纪三四十年代始，城隍庙后大殿圈了一个书场，专讲宁波评话，时间比灵桥大世界更早。

宁波评话，是江南说书的一种，坊间百姓称其为"武书"，与"四明文书"相对。老辰光，这一文一武的"南词"和"武书"，在甬城老城厢内颇为盛行，大多集中于城区集镇的茶楼和书场，遍及浙东邻县。时至民国，四明南词日渐衰弱，而宁波评话依旧火爆，张阿策、闯才章是当时妇孺皆知的评话艺人。张霭林、张一册、张少策祖孙三人讲的《水浒》曾享有盛誉，《水浒》的故事经祖孙三代改编后，情节愈发跌宕起伏，故事更加引人入胜，备受听书人喜爱。

许多听书迷，有时会将后大殿挤得里三层、外三层，殿内不乏陈莲卿等名角登台，但听书人是冲着"张家门"的评话而去。当年，张少策先生凭一部《水浒》在城隍庙红极一时。这位出身于说书世家的艺人，以嗓音厚实、口齿清楚、感情丰沛见长。他刻画的人物，大多取自长篇演义和历史公案，故事情节曲折，扣人心弦，常引得不少人驻足聆听。

20世纪40年代中后期，二十出头的张少策亮相郡庙后大殿，身着崭新的灰布长衫，携一把细骨折扇和一块家传的醒木，开始了说书生涯。年少有才、意气风发的"张家后生"以仿神情、起角色的功夫见长，无论从架势、噱头、分口，还是到"卖关子"的收尾皆恰到好处。《水浒》中的《武十回》《宋十回》是他的拿手好戏，堪称巅峰之作。而这一讲，就是六十年一甲子。

初出茅庐的"张家后生"，却也不怯场。手中的那把折扇，可作林教头的花枪；那块绢头，拟作笔纸当书信；那块醒木，拍得干净利落。但见一人分别饰演十余个角色，将《水浒》人物的形态、个性、口吻描述得神态毕现，惟妙惟肖。无论是文人还是武生，各种角色他都能表现得活灵活现。其中《武松卖拳》《武松告状》最受群众欢迎，是久说不衰的力作，张家小

宁波评话泰斗张少策

后生逐渐变成了甬城里的"活武松"。

张少策的看家戏除了《水浒》,还有《隋唐》《岳传》《宁波王瑞伯》。由于他说得精彩,票友一传十,十传百。在城隍庙声名鹊起后,在江北岸的"南同春""北同春""得意楼"等茶馆以及"大世界",也时常能见到张少策的身影,不少票友常常跟着他团团转。先生的宁波评话,在甬城百姓心目中已被视作"一只鼎"。

拳不离手、唱不离口的张少策先生,新中国成立后也大受宁波百姓的欢迎。20世纪50年代,广播里的《武松》每天定时播出,老听众们早早吃过饭,雷打不动坐下来调频收听。他又结合宁波当地传说,在江厦街说《宁波王瑞伯》,这出新编宁波评话立刻受到好评,其中插科、卖噱往往有的放矢,恰到好处。随后他根据文学作品编演的新长篇《风雷》《野火春风斗古城》《敌后武工队》《铁道游击队》《山东马永贞》同样精彩纷呈,延续"书理通、语言正、动作准"的张派风格,吸引了不少青少年听众。

宁波评话在20世纪80年代迎来过一阵热潮,张少策的节目搬上了电台、电视台,听众、观众如潮。1995年5月1日,宁波电视台二套《三江书场》开播,还是那一口"石骨铁硬"的宁波话,久违的张少策又出现在宁波市民面前,这棵评话界的"不老松",依旧精神矍铄地开讲《水浒》。追随多年的票友,也已是白发人,沽一碗老酒,边喝边听《水浒》,追寻昔日时光。

2010年2月1日,82岁高龄的张少策在城隍庙民乐剧场举办"张少策从艺65周年展演"活动。民乐剧场连开10天,每天都有近500名老票友赶来,没座位的观众干脆席地而坐,听他说两个小时的评话——《宁波王瑞伯》。依旧是惊讶、悲愤的神态,依旧是嗔怒、颦眉的表情,有笑、有哭、有怒喝,让听众过足了瘾头,场场都是爆满。从郡庙后大殿到民乐剧场,从张家的小后生到深居简出的耄耋艺人,郡庙也曾雕刻过张少策的评话时光。

宁波走书表演

宁波走书耀郡庙

宁波走书是风气先开、文化活跃的产物,它专门讲述甬城老百姓爱听的故事,融说、唱、表演于一体,深受群众喜爱。据考证,宁波走书最早产生于清朝同治、光绪年间,民谚有"南词唱华堂,走书下农庄,评话进茶坊"一说。走书最早由农村唱犁铧小曲开始,后逐渐演唱有故事情节的书目,由坐唱发展到走唱,由农村流动演唱,发展到走进城镇茶楼演唱。而宁波城隍庙也成为宁波走书的驿站和驻点,是当时许多走书大腕的重要演出场所。演出时,群众层层相围,门庭若市。

据许多走书老艺人回忆,新中国成立前宁波尚无专业书场,城隍庙作为宁波城内最早、最大的游乐场,每逢庙会、节庆,时常有毛全福、陈荣棠、王汉芳、应兰芳等老艺人露面。《白鹤图》《黄金印》《四香缘》《十美图》等传统大书轮番上。20世纪50年代,在郡庙建立了"红旗书场",有近

250个座位，专门演唱走书、评话、南词，是宁波最早的专业曲艺演出场所之一。

凡是在郡庙"红旗书场"听过书的人，都不会忘记许斌章和朱桂英的精彩表演。许斌章的《白鹤图》与朱桂英的《双珠球》唱作俱佳，各有千秋，在城乡群众中很有影响，曾名噪一时。宁波走书的鲜明特色是，从坐唱发展成走唱，分口饰演角色，演员在台上的动作幅度和范围扩大，故由此得名。四弦胡琴是必不可少的主要乐器，也是其风格独特之处。"四平调"一般作为一部书的开头，末句由乐队合唱。

《白鹤图》是宁波走书的传统书目，是著名老艺人毛全福、应兰芳的拿手好戏，后由应兰芳传给徒弟许斌章。许斌章演唱时常常自伴月琴，边弹边唱，尤其对"老三门""老三步"颇具造诣。他把《白鹤图》作为说书生涯的开卷之书，这一唱就是几十年。许多人去郡庙"红旗书场"，为的就是听这部经典大书。

经过他的长期演唱、不断修改、加工提炼，全书内容更加紧凑，其中"借银""盗图""赠图""当图""献图"的章节已经成为传统宁波走书的精品之作。《白鹤图》中，黄子琴与赵必正的传奇故事，为甬城民众所熟悉，20世纪80年代，经许斌章先生整理，在宁波电台播出录音。播出时间一到，万人空巷，满城争听《白鹤图》。1958年5月，许斌章去北京参加全国首届曲艺会演，演唱新编走书《朱德能创造防护罩》，赢得良好反响，还得到周恩来总理的接见。1987年12月10日，满头白发的许先生首次出现在宁波电视书场中，演唱现代革命走书《九龙夺宝》，在荧屏上大放光彩。

20世纪50年代，碰巧路过郡庙"红旗书场"时，若听到"人间元朝随宋垮，兄妹沦落奔天涯，相逢原来本相识，忠良后嗣本一家"的激昂唱词，不用问，那必定是朱桂英的《双珠球》！朱桂英生来一副好嗓子，抒情的赋调，轻松的马头调，明亮的快二簧，自她口中而出后，都是字正腔圆，她技巧过硬，能文亦能武。

《双珠球》的故事极具传奇色彩，情节一波三折，跌宕起伏，主要讲述

宁波走书耀郡庙

马联飞／绘

朱求与陈美云、焦赛花的故事。《双珠球》原出自四明南词,南词名家陈莲卿移植于宁波走书,后传授朱桂英。朱桂英经过长期演唱,加工整理,使其逐渐成为自己的当家书,在说书界站稳了脚跟。她具有创新意识,不满足宁波走书"退三步,进三步"的陈旧表演模式,往往是表演空间越大,穿透力越强,有时不用扩音设备,声音还能传到"红旗书场"听众席的末排。

朱桂英的说书语言更有特色,宁波方言是文白兼用,涉及人物对话时,她会根据书目内容,穿插他处方言。譬如在《啼笑因缘》中,有个角色是大军阀,她就改用山东腔,碰到师爷就说绍兴话。沈凤喜唱大鼓时改用京韵,偶尔也讲几句上海大小姐发嗲的沪语,无不像模像样,令人捧腹。《啼笑因缘》由宁波电台录音后,经常反复播放。无论是传统书目中的生、旦、净、末、丑,还是现代书中的工、农、商、学、兵,她都讲得栩栩如生,令人百听不厌。

想当年,人们围在郡庙的"红旗书场"内。那些甬城里的说书人,携一把琵琶、一柄折扇,轧四弦胡琴,可以将沙场边疆的刀光剑影、忠将贤臣的运筹帷幄、才子佳人的花好月圆、市井里弄的家长里短,说得有条不紊,耐人寻味。

宁波走书耀郡庙,讲的是故事,说的是一个城市的百年传奇!

八字算命"奇巧灵"

民国初期，从天封塔由东向西，靠近城隍庙一带，有一条独具特色的"算命街"，卜卦、看相、拆字、看风水、讲肚仙等各色江湖杂术充斥其中。沿着风火墙往东走，一路可见五个"格子铺"，有的挂一块"看天下事，相天下人"的幡布，有的摊开一张伏羲八卦图，有的掐指沉吟测吉凶，有的在玻璃上写一手漂亮的指书……但凡城隍庙周围有空隙，各路算命先生和"活神仙"们皆扎堆于此。只见他们，一个个身穿长衫马褂，头顶瓜皮小帽，戴清一色的金丝框墨镜，个个巧舌如簧、口若悬河，磨着三寸不烂之舌，看上去极像"高手"。

测字看相的小摊前，有时会围满各路闲人，喜欢听算命先生的信口雌黄。有人会乐不知疲地听上大半天，"门槛"却又精得很，自己断不会掏这冤枉钱，但又喜欢"关心"他人的命运。算命先生"铁口"一开，往往刹不住车，侃得"白鲞会游，死人爬走"，可比肩书场里的张霭林，且不需买票占位，故听得人乐而忘返，有入迷者常因此误了饭点。

上了年纪的老宁波，多少还有点"奇巧灵"的印象。在众多江湖算命先生中，"奇巧灵"的名号最为响亮，是最抢眼的算命红人。人如其名，这位"奇巧灵"先生，才不屑站街拉客那一套！他叼着水烟袋，留着长须，戴着眼镜，待看客近前，才慢条斯理地问道："先生是相面、测字还是看气色？"你若测字，且不必言多，"奇巧灵"定会测出你的尊姓大名，先让你大吃一惊，最终心悦诚服地坐下来求他为自己测算。

庙廊达士，志在山林。城隍庙里的"奇巧灵"以落第秀才自居，能蘸水在玻璃上写得一手漂亮的行草，还能画出活灵活现的十二生肖、梅兰竹菊。一手漂亮的行草就是"前棚"，招揽客户的手段独特，绝对不像电视上看到的"这位施主，我看你印堂发黑，七日内必有血光之灾……"那么蹩脚。"奇巧灵"以静制动，卖弄玄虚，久而久之，也在城隍庙站稳了脚跟，以江湖老口挣钱养家是不成问题的。

在老宁波人的记忆里，"奇巧灵"仪表堂堂，长得很精神，脸上洋溢着捉摸不透的笑容，使问卜者一望而钦。他眼观四面，耳听八方，坐立端方，一口地道的宁波方言，不浮言乱语。测字前，先用人品涤荡一番，英耀未到，军马单刀直入，遂马到功成，使听者深信不疑。

其实说到底，算命只是一种依附于玄学，利用心中的宿命论来进行营利的商业活动。它其实就是一门生意，一项技能，一个行业。收钱测字，耍嘴皮子，针对的是人们脆弱的心理，做一次心理治疗，恰似当今的心理医生。

测字开篇，先从玻璃上的字入手，传言"奇巧灵"天资聪颖，机敏过人，能言善辩，并且声如洪钟，富于表情，善于打动听众。经过他循循善诱，算命者开始竹筒倒豆，倒出来的那些"豆"，无非是些夫妻反目、父母不尊、子女不孝、家财难处、求医问病的老套路。

算命者听得云里雾里，"奇巧灵"心里却煞煞清爽：父亲来问儿子，必是期盼儿子前程富贵；儿子来问父母，多是父母身体抱恙；妻问丈夫，面带喜色，丈夫必是飞黄腾达，面露怨色，丈夫多是在外拈花惹草；丈夫来问妻，不是妻子有病，就是妻子不能生育儿子；穷书生来问的必是前程，商人来问的必定是生意……几十年下来，察言观色之余，他也略知一二。算命者按照他给的破解之法走人后，一单生意就做完了，"奇巧灵"喝口茶润润嗓子等下一单生意，旁边的听者也期待着下一场次的演出。

20世纪40年代，十里洋场的上海滩流行一部滑稽戏，叫作《骗大饼》。这部独角戏中的算命先生就是宁波人，他根据表情、语言、谈吐、身体状况、服饰、动作、气质、风度等方面猜出来者的年龄、身份、职业、贫富、顺逆，判断出测字来意。他为了填饱肚子，把卖大饼的苏北小伙计骗得团团转，叫人忍俊不禁。由此使人联想到城隍庙，那个"入门观来意，出言非踌躇"的"奇巧灵"先生……

宁波解放以后，城隍庙周围横扫一切牛鬼蛇神，算命测字渐渐就失去了生存的土壤。藏匿于民间的高人，游戏风尘的隐侠们，"奇巧灵"和他们一同消失，不再抛头露面。上了年纪的老宁波人，才有那段鲜活的记忆。

老庙珠宝载口碑

　　自宁波开埠通商后,甬城专门经营金银饰品的银楼,随民间习俗的发展而日益兴起。时至晚清,全国的通都大邑莫不遍设规模不等的银楼,这些银楼不少为宁波帮人士所设。慈溪人严信厚经营的银楼,更是驰誉上海滩,他曾北上天津,经营"物华楼"而声名远播。

　　浙东宁波,一度作为全国银楼业的后方。新中国成立前,宁波有"方聚元""凤宝""紫金"等老牌银楼,分布在老城东渡门、开明街附近。老城隍庙,属于市井繁华之地,三教九流聚集之所,虽鲜有高档银楼,但也散落着不少珠宝商铺。前来购买者,多半是收入菲薄的小市民和外乡人,以手镯、耳环等银饰较多。若要选购孩童佩戴的银项圈、长命锁片、元宝锁、帽字等,城隍庙一带的商铺,当属首选之地。

　　社会风尚不断沿革,到了1984年,改革开放的春风吹遍甬城的大街小巷,昔日香火缭绕的城隍庙成了一座商城。随着改革开放的进一步深入,城乡生活水平普遍提高,百姓对黄金珠宝的需求也日益增长。传统金银首饰深入民间,即便普通市井人家,在订婚、发聘、婚嫁的礼品中,为挣面子、讲派头,总喜欢备上一两色的金饰。城隍庙商城的珠宝商场,一下子就火了起来,老庙珠宝声名鹊起。

　　一句"城隍庙饰品,保佑您好运气"的广告语,妙趣横生,一语道出人们"辟邪""求吉"的习俗,被甬城市民铭记了多年。为了讨个吉利的彩头,即将结婚的新人,不少就是冲着老庙珠宝的喜气而去。

　　随着社会风尚的变化,老庙珠宝业不断推陈出新。20世纪80年代初,以传统千足金为特色,讲究货真价实。到了90年代初,老庙的金饰进一步向高档发展,流行起九成金或七成"彩金"制成的时尚镶嵌首饰,珠光宝气,玲珑剔透,琳琅满目。珍珠、翡翠已不再吃香,而祖母绿、玫瑰红等各色宝石堪称摩登之物,备受青睐。21世纪初,开始流行铂金饰品,"钻石恒久远,一颗永流传"的钻石镶嵌饰品受到年轻人的追捧,铂金嵌脚更是光彩夺目,闪光耀眼,老庙珠宝渐渐驰誉甬城,以至邻邑近县,成为同行

城隍庙商业步行街牌楼

业中的佼佼者。

进入 21 世纪,经过一番紧锣密鼓的精心装修后,宁波城隍庙黄金珠宝商场几乎占了一楼的大半面积。商场交通便捷、地段繁华,极具吸引顾客的气派,丰富的金饰臻品时常使顾客流连忘返。经过三十多年的发展,老庙珠宝商场拥有了近三十个著名品牌,逐步实现了规模经营。老庙珠宝的信誉增强,俨然是宁波银楼业的巨擘。

百年前的老庙珠宝,打出的是"足赤"品牌,百年后的老庙珠宝,仍旧秉承老少无欺、信誉至上的原则。老庙黄金珠宝商场于 2007 年,首先在甬城珠宝行业中,推出"珠宝首饰售前、售后服务咨询中心"。这个中心集首饰选购、保养及清洗、修理、以旧换新于一体,真正做到了人性化的一条龙服务。随着容纳品牌的不断发展和壮大,这个口碑好、重诚信的老牌银楼,如今也不断注入时尚元素。

口碑载道的老庙珠宝,继承城隍文化,作为甬城最先经营黄金珠宝首饰的商场之一,迄今拥有三十多年的历史,它已成为宁波名品珠宝展销中心,购买黄金珠宝饰品要去老城隍庙,曾是宁波城乡民众的约定俗成。

城隍庙商城东大门

国泰民安牌楼

津津乐道国泰街

诗人艾青有名句:"为什么我的眼里常含泪水?因为我对这土地爱得深沉。"城隍庙东边有条国泰街,非常袖珍,但作为青春过往的驿站,很多人也曾深深迷恋着它。那夕阳西下时的寻常街巷,那沧桑厚重的人文气息,那浓浓的人间烟火味,似乎很难用文字来描绘。

久居海曙,如同熟悉自己的掌纹一般,熟知这里的大街小巷。城隍庙国泰街建于1995年,这条古色古香的商业街,在20世纪末的宁波可谓出尽风头。一条小小的商业街坐落于城隍庙以东,夹缝于1994年建成的城隍庙商城之间。长不过1千米,宽不过50米,店铺林立,商贩云集。每逢节假日,街上熙熙攘攘,车水马龙,时常拥挤不堪,成为当时宁波城区的小商品中心。

20世纪末的宁波,倘若想淘一些时尚别致的小玩意儿,譬如耳机、马克杯、小饰品和挂件,国泰街是不能错过的,在那里绝对能淘到令人惊喜的玩意儿。要是想追求大牌、高品质的货品,那么你应该去东门口的"华联商厦"烧钱。夜幕降临,经常有年轻人流连于此,夜市一逛,就能嗅到年轻人的时尚追求。每逢元宵、端午、中秋等传统节日,街上都挂满了一串串大红灯笼,那浓浓的市井烟火味儿,映着路边灯笼的缕缕红光,升腾而出。

1994年底,作为宁波市政府八件实事之一的城隍庙新商城开业,打响了宁波城隍庙商圈建设的第一炮。人们惊喜地发现,介于老庙和新商城之间的一条小街,频频翻出新花头。路面重新整修不说,还统一铺设青石板,细心的人还会发现,这些细石板中还镶嵌着12块浮雕生肖图案,无不栩栩如生,惟妙惟肖。1995年初夏,修葺一新的国泰街面世甬城,呈现在宁波百姓面前。

踏进1995年的国泰街,上了年纪的老宁波人,看到眼前这番光景,难免要唏嘘感叹一番,仿佛时光流转,恢复了昔日繁华。自民国初期开始,这条小街就很"闹猛",每逢清明、七月半等大型庙会和敬神之日,小街商贩辐辏,百戏杂耍,测字、看相、变戏法的扎堆,就连乞丐也来凑热闹,将这条街挤得水泄不通,可谓"行人如流水,繁华何处有"。这好比一幅描绘北宋汴河边万头攒动赶大集的《清明上河图》,国泰街为宁波人津津乐道。

国泰街的建筑,雕栏飞檐,粉黛青瓦,秉承明清浙东传统,与老庙风格浑然一体,两旁是仿浙东传统建筑风格的商铺,小青瓦双坡屋面,风火马头墙,各种精致的外墙木装饰,恢复了传统商业街的风貌,具有强烈的历史文化质感。地面的青石板凸显江南特色,匠心独具,十二块生肖浮雕之间铺设六块朱红石板相隔,隐喻"六六大顺"之意。老街店铺虽不似当代店铺敞亮时尚,但那古朴的木雕门面、杏黄旗招牌,却风韵别具,让人备感亲切。

国泰街靠郡庙的商铺,不少兜售古玩字画,文商相映,体现了甬城一脉书香风雅。街道两旁的店铺,那28块店名和招牌,都出自书法名家之手,毛翼虎、叶元章、郑玉浦、桑文磁、曹厚德、张星亮等甬上书法名家,都各自挥笔,写下了匾额和对联,与店铺经营相映成趣,推陈而出新。

国泰街靠商城的商铺,以兜售家居生活用品居多,"张小泉"的剪刀和菜刀,宜兴的陶壶,福建莆田的香烛……就连新人结婚熏麝香用的火燃,

国泰街开业盛况

热闹繁华的国泰街

也能在此淘到,大大小小的商品几乎囊括了生活所需,应有尽有。用当今的流行之语概括,国泰街很接地气。这样一条仿古购物街,当年省内独一,全国少有,当时杭州的河坊街还住满了居民,几年后才开始动工改造。

1997年城隍庙西面店铺重新整合,开发建设了具有浓郁的宁波古建筑风味的庙西自立市场,专门为宁波市区的一批下岗失业人员开设,解决了部分失业人员的生活难题,收到了良好的社会效果。组建的庙西自立市场,大多是卖服装、手机的小店。整个区域内小商店鳞次栉比,服装、鞋子、工艺品琳琅满目,凡来宁波的中外游客,吃过城隍庙的小吃后,都会到庙西自立市场走走和逛逛。如果时间空闲,且荷包充实,想淘点小百货,这里曾是当年的首选之地。

今天,随着地铁轨道交通的建设,国泰街与庙西自立市场风光骤减,但城隍庙是精神坐标、信息交流地、商贸聚集地,非常期待郡庙区域改造的提升工程。市民依旧深深眷恋着周遭的环境、氛围、气息,人们依稀记得,当年旁若无人地嚼着臭豆腐和炸鹌鹑的情景。

当年,走进这里后,除却随意挑选食物以外,还混迹于满头银发的老头老太中,听那家长里短的市井声,或是偶尔驻足,一路上与混得脸熟的店主打个招呼,这都让人们感到脚踏实地,与周遭无隔阂。每次踏进国泰街,就能找到平凡踏实的幸福感。

百年传奇缸鸭狗

早些年,坊间的老人们哄孩童时,常常讲一些甬城旧俚,唱一些歌谣。我依稀记得一些,其中有一段唱"缸鸭狗"的,至今印象深刻,什么"三更四更半夜头,要吃汤团缸鸭狗。一碗吃落勿肯走,两碗三碗犯瘾头。一摸钞票还勿够,脱落布衫当押头……"唱词押韵,哼起来朗朗上口。

过去,不少宁波人过春节,都是从去缸鸭狗吃一碗汤团拉开序幕的。那名噪甬城多年的缸鸭狗,与宁波府城隍庙渊源颇深,一碗猪油汤团,一勺酒酿圆子羹的背后,更有一段百年老店的传奇故事。

缸鸭狗的创始人江定法,小名叫"阿狗",街坊邻居都习惯称呼他"江阿狗"。1926年,江阿狗开始在城隍庙设摊,专卖猪油汤团和酒酿圆子等传统宁波甜食。当时城隍庙周围小商铺林立,其热闹程度,可比肩"大世界"。逢年过节赶庙会,人们摩肩接踵。江阿狗的摊子虽小,但夫妻俩起早贪黑,水磨糯米粉、猪油、芝麻用料考究,搓出的汤团个头又大又圆,招待顾客热情,碗里多舀一勺白糖从不计较,因此生意极好。前来吃汤团的顾客络绎不绝,有时一批没吃完,下一批还要排队等候,"江阿狗"的猪油汤团逐渐在老城隍庙一带打响了名气。

江定法其人,书虽读得不多,却极具经营头脑,风雨无阻在城隍庙摆摊,也积攒了一点小本钱,还拥有不少回头客。城隍庙的露天小摊生意虽好,却受到天气、地点等不确定因素的限制,他逐渐萌生了开店的想法。经过几番努力,江定法后在右营巷和英烈街之间租了个小店面,还别出心裁地按自己名字的谐音,在招牌上画了一个水缸、一只鸭子和一条狗,据说是请越剧团小有名气的舞美王云标先生画的。没想到,水缸、鸭子和狗的组合一下子成为金字招牌,江记缸鸭狗的大名逐渐传遍宁波城厢。

缸鸭狗离城隍庙不远,曾经的回头客都来捧场。据说每天两个大灶头烧得轰轰响,水磨糯米粉的袋子堆得像小山。江定法采用水磨糯米粉裹汤团和圆子,煮沸后不会开裂,色白如玉,糯性十足,但又不会黏牙。馅子里的黑芝麻和板油也是精挑细选:板油要去筋膜、撕成小块;芝麻淘洗

昔日的缸鸭狗老店

后炒熟,放在石臼中反复捣细,然后与绵白糖一起拌和。包好后的汤团每个重六七钱,整整齐齐地排在团匾里,上面遮盖一块潮湿的纱布,煞是好看。煮好的汤团盛在碗里后,江定法还别出心裁地加了一勺糖桂花,更是锦上添花!

宁波解放后,政府推行公私合营政策,加强对私营企业的社会主义改造,缸鸭狗也名列其中。1956年,坐落于开明街的老店面重新扩建,实行公私合营,营业面积达200平方米。江记缸鸭狗曾改名换姓,一度称为开明汤团店,那只水缸、鸭子和狗的招牌淡出了人们的视野,除全年供应猪油汤团外,还有豆浆、粢饭、生煎等副食品,夏天还供应各色冷饮,生意依旧红火。

20世纪80年代初,改革开放的春潮在三江口涌动。从"子城"迁建后的城隍庙,经历了六百多年的风雨沧桑,城隍庙商圈呈现。由于城隍庙

缸鸭狗的金字招牌和宁波汤团

商城多次组织美食节，缸鸭狗重回宁波人的视线，多次参加华东小吃会展，金字招牌重新挂回。一碗猪油汤团的火热慰藉，勾起了许多老宁波的回忆。

1995 年，城隍庙步行街建成开业，城隍庙商贸中心区的发展如火如荼，1997 年城隍庙美食城开业，城隍庙成为甬城经营规模最大、品种最全、最具特色的美食中心。美食城里怎可不见缸鸭狗的身影，因缘际会，缸鸭狗也"荣归故里"，老店新开，脱胎换骨，经营的种类更加丰富，中外吃客络绎不绝，曾获得国家贸易部"中华老字号"的荣誉，成为当时宁波小吃界的一张王牌。

1997 年的元宵节，缸鸭狗在城隍庙出尽风头。当年恰逢香港回归，海曙区政府与城隍庙实业股份有限公司承办城隍庙美食节，组织了上海老城隍庙、南京夫子庙、宁波郡庙三庙会展，强大的阵容在华东地区首屈一指、尚属首例。最后，缸鸭狗的宁波汤团登台献艺，在众多名优小吃评比中大显身手，一举夺得头魁。一提起缸鸭狗，人们都会竖起大拇指。

但好景不长，由于旧城改造等诸多因素，2007 年 5 月，缸鸭狗告别了坚守 10 年的城隍庙美食城的独立旺铺，一夜之间经营面积从 1000 多平方米缩减到100平方米,蜗居在开明街原宁波浴室旁的一个小店面里,开始做起快餐和外卖的生意。金字招牌一时遭蒙尘,人们无不惋惜……

2009年,"70后"宁波人陈开河正式从江阿狗的后人手里,接过了这块曾经辉煌一时的金字招牌,开始了新创业。中华老字号缸鸭狗重获新生,在延续传统工艺的同时,在品质上做了改良和提升。2009年12月,缸鸭狗在鄞州万达广场开张,随后又在天一广场、鼓楼沿开设分店,猪油汤团依旧是镇店之宝。2010年被授予为非物质文化遗产。如今,缸鸭狗已成为甬城餐饮文化中的一颗璀璨明珠,几乎成为宁波传统饮食文化中不可或缺的名店,五湖四海的游客宾朋,无不闻名而来争相品尝。

宁波府城隍庙

郡庙味道久绵长

大概每个城市都有自己的特色小吃,倘若提及南翔小笼、耳朵眼炸糕、肉夹馍、热干面这些耳熟能详的小吃,想必人们都能迅速想到它们所对应的城市。小吃和闲食,往往代表着一种城市的风貌,传递着永不散场的温情和耐人寻味的美好。传统宁波大菜的烹调,遵循大繁至简、原汁原味的风格。除却咸、鲜、臭、醉的本帮菜,作为补充的各色宁波小吃,大多集中于宁波城隍庙内。譬如那名噪全国的猪油汤团、酒酿蛋花圆子羹,便是最好的佐证。

自通商开埠以来,宁波商帮逐渐崛起。所谓"敦乡谊,辑同帮"的宁波会馆,自鸦片战争之后,频频出现于各大城市。宁波商人的足迹遍布全国,尤与上海的渊源最为深厚。渐渐地,十里洋场的各种风物,上海滩的各色小吃也逐渐涌入浙东宁波,而它们最早的落脚点,便是在"宁波府城隍庙"内。譬如著名的"老虎脚爪""云片糕"等点心,已在20世纪20年代的郡庙里出现。

从20世纪初到50年代,在城隍庙举办了史无前例的"首届宁波市名

20 世纪 90 年代初城隍庙美食节情景

1997 庆香港回归"城隍庙小吃节"

点名菜展销会",评出了宁波"十大名菜"和"十大传统小吃",逐渐成为甬城无人不晓的小吃天地。"小白眼"家的牛肉面、酒酿蛋花圆子羹等传统小吃已落胃入心。1984 年,城隍庙商城重新开业。大门前的白条桌重新摆起,久违的锅瓢吆喝声此起彼伏,久违的烟火气又终日缭绕起来。

热气腾腾的"馄饨皇"

　　但凡在老城厢内长大的宁波人,童年的记忆里,怎会少了对城隍庙小吃的印象!当外地客人游宁波城,宁波人可以骄傲地向他们推荐城隍庙小吃。在宁波城隍庙里,可以看到各种本地小吃荟萃的情景。多年来,宁波城隍庙作为本埠小吃的大本营,熙熙攘攘的人群,一直冒烟的灶头,目不暇接的小吃,蜿蜒的长队,构成一幅热气腾腾的市井烟火画面,一下子就勾起了众人的回忆。

　　城隍庙里的宁式糕点,影响力不小,曾是全国糕点十二大派之一。苔生片、洋钱饼、云片糕、苔菜月饼、宁波汤圆有着地道的宁波老味道,蜚声海内外。在烟火缭绕的郡庙里,精彩纷呈的宁式糕点,仿佛是天生的宁波风物。

　　城隍庙小吃的历史,虽无记载可考,但在 20 世纪初,就逐渐兴盛。一碗牛肉细粉汤在老庙内站稳脚跟,白铁皮加长的大锅前,永远是蜿蜒十余米的长队,一大锅牛肉整天"咕嘟咕嘟"地冒着诱人的热气,不断撩拨着食客肚里的"馋痨虫"。一碗牛肉细粉,仿佛是宁波孩子青春期里的一个过往,没有没尝过的。那青瓦屋檐下的店面虽不豪华,甚至极其简陋,但美食几十年如一日地延续着。大锅里面炖着新鲜的牛大骨,上面浮起一

郡庙味道久绵长

马联飞/绘

层肥滋滋、亮闪闪的油花儿,真叫一个诱人!番薯粉丝久煮不糊烂,韧劲足,浸过牛肉汤后,吸足油水,愈加爽滑!多少年吃下来,鲜香中透着秀雅细腻、和婉安然……

听完民乐剧场的宁波走书后,点几个刚出炉的牛肉锅贴,盛在浅口的搪瓷碟中,再来一碗加了咖喱的牛肉细粉,牛肉切成薄得不能再薄,漂着几点碧绿葱花。咬一口锅贴,脆皮嫩肉,或抓起一个冒着热气的雪菜大包。呷一口黄澄澄的细粉汤,麻辣鲜香,既实惠,又入味儿,这是许多宁波老饕的门道。

一碗肠血汤是海派小吃在宁波城隍庙的落地生根,鹅肠爽脆可口,不显老,切成寸段,捞血块倒入碗中,添几勺沸汤。只有盐、味精、葱花三种调料,五香粉、胡椒粉、料酒一概不用。坐在城隍庙的长板凳上,细细品那一碗肠血汤,嚼几段韧性十足的鹅肠,舀一勺豆丁大小的血块,顺着调羹滑入喉咙,嫩、香、鲜、烫,顿时通体舒泰,身上的每个毛孔都觉得惬意。喝上一口,更觉清淡可人,妙胜质朴,独有一种甬城饮食风韵。

用酒酿煮成的蛋花圆子羹,在宁波一带颇为流行。城隍庙作为甬城小吃的大本营,一碗酒酿蛋花圆子羹落地开花。前些年,迈进城隍庙的大门,大锅、小锅整天冒着诱人的热气。真正的老饕肚里,都存有一本账,不必近前,那沸腾大锅里的必是牛肉细粉,小锅冒泡的定是酒酿蛋花圆子羹,泾渭分明,煞煞清爽。

城隍庙的酒酿蛋花圆子,算得上是宁波的古早味儿。作为一道经久不衰的宁波甜食,上至耄耋,下至"缺牙龙"的孩童都交口称赞。旧时逢庙会时,人们对这碗点心青睐有加,当年,缸鸭狗的主人江定法,曾在城隍庙设摊,专卖猪油汤团和酒酿圆子等传统宁波甜食,许多回头客都来捧场……

油炸臭豆腐,如今呈铺天盖地之势,各地均有售卖。多年前,这朴素的油炸臭豆腐,大概在江浙一带的弄堂里巷皆有分布,随处都能觅得踪影,但进入计划经济时代后,物质匮乏,豆腐凭票购买,炸起来又耗油,炸臭豆腐的摊子销声匿迹了。改革开放初期,直到1984年前后,城隍庙里

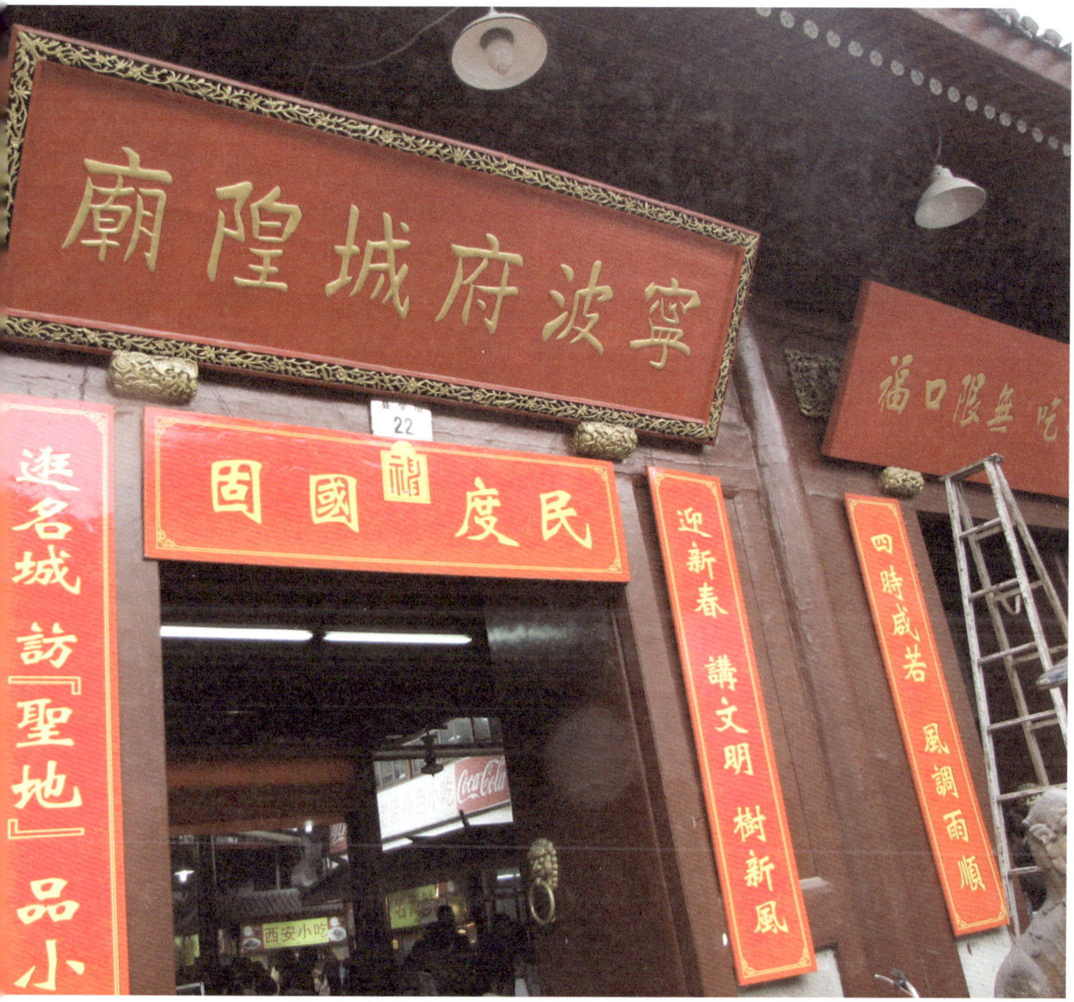
寧波府城隍廟
民度國固
22
逛名城 訪『聖地』品小
迎新春 講文明 樹新風
四時咸若 風調雨順
西安小吃
Coca-Cola

子 生煎王

重庆麻辣烫
宁波民间

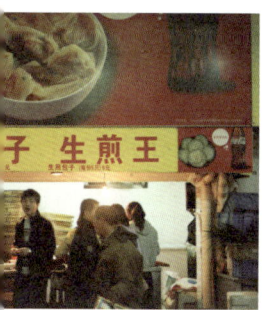

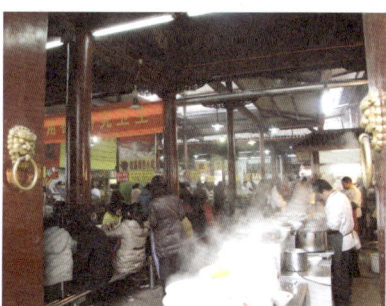

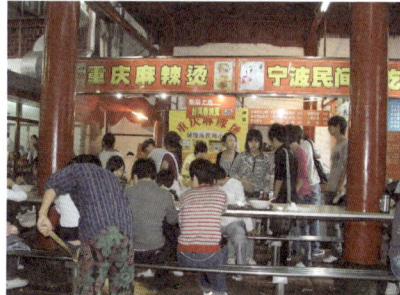

城隍庙小吃城

才出现油炸臭豆腐的摊子,顷刻间,就唤醒了老宁波人沉睡多年的味蕾,人们接踵而来……

  油炸鹌鹑虽好吃,价格却是油炸臭豆腐的好几倍,但追捧之人也多。远远望去,一个个生鹌鹑,去头剥皮,带着血水,码得小山一样高,这场面确实有些血腥。它的做法实为残忍,将原本活蹦乱跳的鹌鹑连皮带毛一起扯下……跷着兰花指的大姑娘们,想起鹌鹑的生前遭际,往往不屑一碰。但孩子们却觉得是稀罕之物,忍不住都想尝尝它的滋味儿。

  炸过鹌鹑和臭豆腐的油,一整天下来,乌黑发亮。而吃客仍旧是睁一只眼,闭一只眼。若真心计较,他们断不会挤入城隍庙,迎着西北风,闻着香气,咽着口水,排着长队等待这两种小吃。大概儿时的滋味,总是情有独钟、意难忘。

  宁波的三伏天,闷热而又漫长。聒噪的蝉鸣声挑拨着脆弱的神经,使人愈加心浮气躁……炎炎夏日,午睡醒来,总要喝碗绿豆汤,吃块西瓜来解暑,从小在宁波城郭里长大的人,酷暑午后去城隍庙,买来一碗晶莹剔透、甜丝丝、冰冰凉的木莲冻,还来不及细细品味,便"咕噜"一声滑入喉咙,觉得无比清凉。再慢悠悠地吃上几块冰镇地力糕,大概不少宁波人都有类似的消夏经历吧。

  改革开放后,众多海派小吃也在宁波城隍庙内落地生花。其中上海城隍庙饮食公司的邵文龙经理,在20世纪80年代后期,多次来宁波指导,将大批海派小吃引进宁波城隍庙,介绍给宁波市民,譬如南翔小笼、肠血汤、双档、馄饨皇等上海特色小吃,在全面整理和改进之后,使宁波城隍庙的小吃品种日益丰富,档次逐步提升。城隍庙特地请上海南京路东亚饭店的葛贤荨老师来甬授艺,眉毛酥、萝卜丝饼、鞋底饼等上海糕点的传入,使得大批海派糕点在城隍庙里遍地开花,使宁波市民大饱口福。

  从子城初建到宁波开埠,那些稍纵即逝的黯淡景致,如展开的陈旧画卷,泛着清贫的光影。而迈进城隍庙美食大本营时,未登大雅之堂的众多郡庙味道,会伴着热气入口的快感,凝结众多生活情结,滋润了一代又一代的宁波人。它们如此温暖,又如此亲切!众多小吃的落地生花、争奇斗

城隍庙美食楼牌匾

艳,无疑在城隍庙里刮起一股时尚风,进一步激发了甬城的小吃市场,完成了宁波小吃的一次历史转折。而日臻成熟的城隍庙美食城,也逐渐成为宁波郡庙文化的三大特色之一。那一碗传统的宁波汤团,一个萝卜丝饼……烫嘴的美食记忆,嬗变之中又维系着宁波老味道,一如既往地传递着美食的温情。

#

  为生动、直观地展现宁波府城隍庙的历史演变、建筑特色，以及城隍文化的丰富内涵，本书选用了大量图片。部分图片由作者本人提供，部分引自《千年海曙》《甬上风华：宁波市非物质文化遗产大观·海曙卷》等已出版的图书，还有一部分由潘行正、俞福海等老师提供，在此表示感谢。因资料所限，大部分图片未能明确摄影者信息，在此深表歉意，并致感谢。敬请相关图片作者及时与出版社取得联系，以便出版社支付稿酬，并在重印时署名。